外国货币简史丛书

贵霜王朝货币简史

刘文科◎著

中国金融出版社

责任编辑：马海敏
责任校对：孙　蕊
责任印制：张也男

图书在版编目（CIP）数据

贵霜王朝货币简史/刘文科著．—北京：中国金融出版社，
2021.4
（外国货币简史丛书）
ISBN 978 - 7 - 5220 - 1112 - 7

Ⅰ.①贵…　Ⅱ.①刘…　Ⅲ.①贵霜帝国—货币史
Ⅳ.①F821.9

中国版本图书馆 CIP 数据核字（2021）第 080846 号

贵霜王朝货币简史
GUISHUANG WANGCHAO HUOBI JIANSHI

出版
发行　　中国金融出版社

社址　北京市丰台区益泽路 2 号
市场开发部　（010)66024766，63805472，63439533（传真）
网上书店　www.cfph.cn
　　　　　　（010)66024766，63372837（传真）
读者服务部　（010)66070833，62568380
邮编　100071
经销　新华书店
印刷　保利达印务有限公司
尺寸　140 毫米 × 203 毫米
印张　7.125
字数　165 千
版次　2021 年 5 月第 1 版
印次　2021 年 5 月第 1 次印刷
定价　45.00 元
ISBN 978 - 7 - 5220 - 1112 - 7
如出现印装错误本社负责调换　联系电话（010）63263947

总　序

货币作为商品生产和商品交换中的价值尺度和流通手段，在人类社会中发挥着越来越重要的作用。

近百年来，货币学有了蓬勃的发展，货币史学也出现了明显的进步。货币学的研究需要有货币史学的支撑。通过对古代各王朝货币状况的分析，深入探讨货币起源、货币本质、货币演变规律等货币课题，可以使货币理论从历史实践上获得更加坚实的基础。

从世界历史的角度来看，货币的产生和发展有着普遍的规律，同时存在着在不同民族、不同文化之间的差异。因此，货币史的研究，不能局限于一个国家、一个时期，而是应该着眼于世界范围的历史全貌，才能感受到它的脉搏跳动、成长规律和发展方向。

近年来，我主编了《外国货币史译丛》，将国外学者关于世界各大文明古国、各大古代民族以及我国周边主要国家的货币史专著翻译成中文，介绍给国内读者，旨在扩大我国读者关于世界货币史的知识和眼界。但是，鉴于文化根源上的差异、逻辑思维上的不同，我国读者阅读国外学者撰写的货币史书自然会感到艰涩难懂。为了普及外国货币史知识，给国内读者提供更多简易通俗的参考读物，我们启动了《外国货币简史丛书》的撰写工作。

《外国货币简史丛书》在国家、时期的定位上，每册都将选择一个对世界影响较大的文明古国，对该国的一个具体王朝的货币状况进行深入研究，通过截面分析的方法，以点带面，探讨该国古代货币的发展和演变过程。

《外国货币简史丛书》在撰写风格的选择上，每册都将一个具体的外国古代王朝的简史介绍给读者，结合该王朝货币流通状态、货币法律制度进行分析，并通过历史故事描述，力求通俗易懂，以便读者在获得古代货币知识和古代历史信息的同时，感受阅读古代名人轶事的喜悦。

《外国货币简史丛书》在撰写出版的方式上，采用团队集体研究方式，边研究、边撰写，不断扩展其覆盖的地理范围和历史时期，通过一个较长时间的工作团队的共同努力，积少成多，为读者提供世界货币史的概貌。

我们相信，这套《外国货币简史丛书》的出版，对于我国货币理论研究，以及我国关于世界各国历史、政治、经济、文化的研究，具有一定的参考价值。

石俊志

2020 年 2 月 2 日

目　录

绪　论

　　贵霜王朝，是公元 1 世纪后称霸中亚的古老国家。彼时，贵霜王朝与中国的汉朝、西方的罗马和西亚的安息帝国，形成世界四大帝国的局面。在地理上，贵霜是连接东西交通的通衢之地，是丝绸之路上重要的贸易中心。在文化上，贵霜王朝时期，东方的佛教元素与西方的希腊艺术相结合，创造了伟大的犍陀罗文明。贵霜王朝承上启下，在结束了希腊化国家之后，开启了中亚历史的新篇章。

　　然而，贵霜王朝尽管国祚三百余年，但留给后人的历史文献却少之又少。关于贵霜王朝的历史以及其前后时期的历史，分别散见于东西方的文献中，而本朝却鲜有文献传世。对于贵霜王朝的认识，我们只能从东西方历史文献以及出土的考古遗存中寻找。这其中，贵霜王朝留下的钱币成为至关重要的研究依据。近百年之前，王国维先生在疑古与信古的争论中提出"二重证据法"："吾辈生于今日，幸于纸上之材料外，更得地下之新材料。由此种材料，我辈固得据以补正纸上之材料，亦得证明古书之某部分全为实录……此二重证据法惟在今日始得为之。"① 叶舒宪先生在 21 世纪提出了"四重证据法"："一重证据指传世文献……二重证据指地下出土的文字材料……三重证据指民俗学、民族学所提供的相关参照材料，包括口传的神话

---

　　① 王国维．古史新证［C］//王国维全集．杭州：浙江教育出版社，2009：241－242.

传说，活态的民俗礼仪、祭祀象征等。四重证据则专指考古发掘出的或者传世的远古实物及图像。"① 探寻贵霜王朝的历史，需要采用更多的历史证据与研究方法，才能够将其立体地展现出来。

对于探究贵霜王朝的历史，货币史以及钱币学的研究具有非常重要的意义。我国著名货币史学者石俊志先生在《外国货币史译丛》的"总序"中说："记述历史的人，大多难以摆脱其政治立场。因此，史书典籍中记载的帝王将相、社会精英们的政治、军事活动及其言论主张，多有虚假造伪……然而，无论是伪造历史，还是篡改历史，都围绕着政治立场展开，很少在经济状况方面蓄意作伪。于是，从经济角度研究古代社会，我们就获得了一个比较可靠的研究视角。"近来，随着贵霜王朝的更多考古学证据的发掘问世，结合东西方文献记载的历史叙述，将货币史、钱币学研究与历史学研究结合，形成独特的历史研究视角的方式，已经渐渐成为可能。

本书写作，承蒙丛书主编石俊志先生鼓励再三，本人才敢于将以往不成熟的想法进行体系化整理，并形成初步的研究。对于贵霜王朝历史的研究，国内的余太山先生已经形成了完整且庞大的体系。对于贵霜王朝的钱币，杜维善先生、李铁生先生、寅龙先生，已经有了非常详细的研究。法律出版社和中国金融出版社出版的诸多货币史译丛，也是非常可贵的资料。笔者不过是将历史学的研究和钱币学的研究结合在一起而已。

---

① 叶舒宪. 鲧禹启化熊的神话通释——四重证据的立体释古方法 [J]. 兴大中文学报，2008（23）.

第一章　贵霜王朝的前史

第一节　亚历山大大帝东征与希腊王国的建立

一、亚历山大大帝的扩张

本书所讲述的贵霜，是公元 1 世纪兴起的，地处中亚两河（阿姆河与锡尔河）地区、巴克特里亚地区以及兴都库什山（Hindu Kush）南北和犍陀罗（Gandhara）地区、克什米尔（Kashmir）地区、马图拉（Mathura）地区的古代国家。首先我们将地点锚定，其次将时间推移到公元前 4 世纪的亚历山大东征。此地的历史需要从那时讲起。

亚历山大（Alexander Ⅲ）大帝出生于公元前 356 年。公元前 338 年，年仅 18 岁的他参加了马其顿与雅典、底比斯联军的决战。在此之前，他的父亲腓力二世（Philip Ⅱ）始终以维护希腊世界和平为借口，努力阻止希腊分崩离析。在腓力二世击败了联军之后，马其顿便被确立了在希腊的霸权。此后，腓力二世开启了率领马其顿和希腊联军远征波斯之旅。[①]

腓力二世在远征两年后被亲信暗杀，刚刚 20 岁的亚历山大继任马其顿国王。他首先在小亚细亚的格拉尼库斯河战役中告

---

① ［日］本村凌二．地中海世界与罗马帝国［M］．庞宝庆，译．北京：北京日报出版社，2019：51.

捷，在接下来的伊苏斯战役中，又取得了巨大的胜利。大流士三世提出议和被亚历山大拒绝。仅仅在几年之后，亚历山大率领的军队在高加米拉战役中完胜波斯军队，波斯的阿契美尼德王朝灭亡。

然而，亚历山大（见图1-1）并未止步于消灭波斯帝国，他所率领的军队继续东进。他的远征军踏平了索格底亚那，占领了巴克特里亚王国，直达印度西北部。长年的远征，使亚历山大和跟随他的战士都疲惫不堪。尽管亚历山大已决定撤回，但还是在途中英年早逝了。

注：钱币正面为头戴狮子皮的赫拉克勒斯向右的头像，背面为希腊语币文"ΑΛΕΧΑΝΔΡΟΥ"，纹饰为向左坐着的宙斯，一手持鹰，一手持闪电。

图1-1　亚历山大三世四德拉克马银币

（公元前336年至公元前323年）

亚历山大大帝开创的帝国，乃是将希腊世界与波斯帝国合并之后的新帝国，史称马其顿帝国。亚历山大在远征途中，不断在所征服的土地上建立亚历山大城，并将希腊人移民过去。从此，西亚与中亚进入希腊化时期。

二、马其顿帝国的分裂

从历史上看，强大的帝王去世后，接下来往往是帝国的分裂。亚历山大大帝的马其顿帝国也难逃这个命运。在亚历山大去世后，他的帝国被部下分裂为三个王国，分别是托勒密统治下的托勒密埃及王国，塞琉古统治下的塞琉古王国以及安提柯统治下的马其顿王国。这三个王国，是超出希腊地理范畴由希腊人统治的国家，在历史上被称为"希腊化国家"。

希腊化国家中最大的塞琉古王国，西起小亚细亚、叙利亚、美索不达米亚，东至中亚及印度河流域。塞琉古王国自塞琉古一世（Seleucus I）（见图 1 - 2）于公元前 305 年称王起。此后，塞琉古王国境内不断发生战争，许多领土纷纷独立或是并入其他国家。最后，塞琉古王国于公元前 64 年成为罗马帝国的一个省。

注：钱币正面为头戴桂冠的右向宙斯像。背面为希腊语币文 "ΒΑΣΙΛΕΩΣ ΣΕΛΕΥΚΟΥ"（国王塞琉古），雅典娜右手挥舞长矛，左臂拿着大盾牌，驾驭四只大象，雅典娜后面为花押字，前面为锚和花押字。

图 1 - 2　塞琉古王国塞琉古一世四德拉克马银币
（约公元前 296/295 年至公元前 280 年）

托勒密王国是由亚历山大的埃及总督托勒密一世（Ptolemy I）（见图 1 - 3）于公元前 305 年所开创的，统治埃及和周围地区。托勒密一世在亚历山大去世后，自立为王并宣称自己是埃及法老。托勒密王朝统治埃及直到公元前 30 年埃及女王克利奥帕特拉七世（历史上有名的"埃及艳后"）兵败自杀为止，历经275 年。

此外，还有瓜分安纳托利亚的安提柯一世（Antigonus I）（见图 1 - 4）及其安提柯王朝，以及利西马科斯（Lysimachos）（见

注：钱币正面为头戴大象皮的亚历山大右向头像。背面为希腊语币文
"ΑΛΕΧΑΝΔΡΟΥ"（亚历山大），雅典娜挥舞着长矛向右走，左臂端举着盾牌，右
边空白处有花押字和站在闪电上的鹰。

图1-3　托勒密王国托勒密一世四德拉克马银币
（约公元前310年至公元前305年）

图1-5）在色雷斯开启的短暂的阿加索克利斯王朝，卡山德
（Cassander）（见图1-6）在马其顿开启的短暂的安提帕特王朝。

注：钱币正面为戴着柯林斯头盔的雅典娜右向头像；背面为左向的胜利女神，
右手拿着月桂，左手拿着花环，翅膀张开，希腊语币文为"ΑΛΕΞΑΝΔΡΟΥ"（亚
历山大），左侧花押字"ΜΕ"。

图1-4　安提柯王朝安提柯一世斯达特金币
（约公元前310年至公元前301年）

在亚历山大去世后，他的钱币仍继续流通着。同时，希腊
化国家的继任者们，也继承了亚历山大和马其顿的钱币样式，

注：钱币正面为右向的被尊为神的亚历山大大帝头像，他戴着山羊角（阿蒙
角）。背面为希腊语币文 "ΒΑΣΙΛΕΩΣ ΛΥΣΙΜΑΧΟΥ"（国王利西马科斯）；雅典娜
左向坐着，右手托举着胜利女神，左手放在盾牌上，花押字 "ΕΚΩ" 在膝盖上，
"ΚΑΛ" 在宝座下面。

图 1 - 5　色雷斯的利西马科斯斯达特金币（约公元前 3 世纪）

注：钱币正面为右向的戴着狮子皮的赫拉克勒斯头像。背面为希腊语币文
"ΒΑΣΙΛΕΩΣ ΚΑΣΣΑΝΔΡΟΥ"（国王卡山德），一个青年骑着马有节奏地向右走，
马的下方有一个字母 "Λ"。

图 1 - 6　卡山德铜币（公元前 316 年至公元前 297 年）

以亚历山大的名义发行的钱币比起他在世时反而还多了起来。[①]
通常来说，这些钱币的正面都是肖像，背面则是各种神祇或是

---

① ［英］伊恩·卡拉代斯. 古希腊货币史 ［M］. 黄希韦，译. 北京：法律出
版社，2017：65.

象征物。正面的肖像包括被奉为神明的亚历山大，以表示继任者在身份上的关联。

再后来，继任者们开始将自己的王国或王朝反映在钱币上。于是我们可以看到统治者的权威逐步强化，有关个人或王国的钱币款式相继出现，国王（ΒΑΣΙΛΕΩΣ）的头衔也开始出现在钱币上。[①]

三、希腊—巴克特里亚王国的建立

亚历山大征服索格底亚那（粟特）之后，将当地的贵族斯皮塔米尼斯的女儿阿帕马（Apama）嫁给他的部下塞琉古。塞琉古与阿帕马生下了儿子安条克（Antiochus I）（见图 1－7）。当塞琉古在取得亚历山大帝国东部各省的统治权之后，于公元前 293 年任命安条克为总督，管理塞琉古王国北部诸省。其中中亚河中地区与阿富汗北部地区就在安条克的统治之下。[②] 后来，安条克继任了塞琉古王国的王位，史称"安条克一世"。

注：钱币正面为右向的安条克一世头像。背面为希腊语币文 "ΒΑΣΙΛΕΩΣ ΑΝΤΙΟΧΟΥ"（国王安条克），纹饰为左向侧阿波罗坐像。

图 1－7　塞琉古王国安条克一世四德拉克马银币

① ［英］伊恩·卡拉代斯. 古希腊货币史［M］. 黄希韦，译. 北京：法律出版社，2017：62.

② 蓝琪. 中亚史（第一卷）［M］. 北京：商务印书馆，2018：148.

相较于东部，塞琉古王国的统治者更加关心王国西部的事务，因而也就逐渐放松了对东部的管控。在安条克一世的儿子安条克二世（Antiochus Ⅱ）统治时期，塞琉古王国东部地区的部分管理者意欲独立的倾向更加明显。在东部，索格底亚那和巴克特里亚总督狄奥多塔斯（Diodotus Ⅰ）（见图 1－8）发起了独立运动，于公元前 246 年彻底分裂出来。① 狄奥多塔斯的分离运动，可以从钱币上体现出来。② 狄奥多塔斯在巴克特里亚以安条克二世的名义发行的金币上，已经换上了自己的肖像。

注：钱币正面为狄奥多塔斯朝右向肖像。背面为希腊语币文 "ΒΑΣΙΛΕΩΣ ANTIOXOY"（国王安条克），纹饰为持闪电的宙斯。

图 1－8　塞琉古王国斯达特金币

自公元前 246 年起，至公元前 135 年，巴克特里亚及兴都库什山以北地区，建立了希腊人统治的巴克特里亚王国。如前文所述，建立这个国家的是狄奥多塔斯一世。但是，公元前 230 年，索格底亚那总督攸提德谟斯（Euthydemus）（见图 1－9）发动政变，杀死了狄奥多塔斯的儿子狄奥多塔斯二世，③ 并立其子安提马库斯（Antimacus）为王。几年后，攸提德谟斯又废除了

① H. G. Rawlinson, *Bactra：The History of a Forgotten Empire*［M］. Westholme Publishing, 2013：57.

② 蓝琪. 中亚史（第一卷）［M］. 北京：商务印书馆，2018：148.

③ H. G. Rawlinson, *Bactra：The History of a Forgotten Empire*［M］. Westholme Publishing, 2013：64.

安提马库斯，自立为王。在狄奥多塔斯时代，巴克特里亚王国还作为塞琉古王国的属国存在，但此时，巴克特里亚王国已经彻底摆脱了它的宗主国。①

注：钱币正面是攸提德谟斯右向头像。背面为希腊语币文"ΒΑΣΙΛΕΩΣ ΕΥΘΥΔΗΜΟΥ"（国王攸提德谟斯），纹饰为坐在石头上的赫拉克勒斯。

图 1 - 9　巴克特里亚王国攸提德谟斯四德拉克马银币
（公元前 220 年至公元前 208 年）

此后，巴克特里亚王国不断扩张，其势力范围越过兴都库什山以南，到达印度西北。公元前 190 年，攸提德谟斯一世的儿子德米特里（Demetrius Ⅰ）继承王位。德米特里长期生活在兴都库什山以南，而山北则遇到了攸克拉提德斯（Eucratides）（见图 1 - 10）的反叛。公元前 171 年，攸克拉提德斯夺取了巴克特里亚的政权。公元前 145 年，攸克拉提德斯被其子杀害。王国陷入混乱。在短短的十几年中，巴克特里亚王国走向衰落。

攸提德谟斯与德米特里统治期间，希腊—巴克特里亚王国达到了极盛时期。这一时期大部分钱币是在攸提德谟斯时期发行的，钱币的使用范围十分广泛，在巴克特里亚、索格底亚那、帕罗帕米萨德、阿里亚、阿拉霍西亚、德兰吉亚那、马尔吉亚等地区都有发现。当时，希腊人统治的希腊—巴克特里亚王国

---

① 蓝琪. 中亚史（第一卷）[M]. 北京：商务印书馆，2018：150.

注：钱币正面为攸克拉提德斯戴着装饰有牛角的波欧提安头盔像。背面为希腊语币文"ΒΑΣΙΛΕΩΣ ΜΕΓΑΛΟΥ ΕΥΚΡΑΤΙΔΟΥ"（大王攸克拉提德斯），纹饰为狄奥斯库里策马持矛。

图1-10　巴克特里亚攸克拉提德斯四德拉克马银币

控制着塞琉古王国与印度之间的贸易，他们极其重视贸易带来的经济利益，曾出兵保护塔什库尔干以便保持商路的畅通。为了进一步发展贸易，希腊—巴克特里亚的统治者积极寻找出海口，据考察，他们的势力曾到达过阿拉伯海。①

四、印度—希腊王国的建立

如前文所述，德米特里（见图1-11）长期生活在兴都库什山以南，而山北则遇到了攸克拉提德斯的反叛。公元前171年，攸克拉提德斯夺取了巴克特里亚的政权。实际上，希腊人生活在巴克特里亚与印度的统治下，自此分裂为两个相对独立的王朝世系。尽管期间也有交错，但大体上兴都库什山以北为攸克拉提德斯的世系，而兴都库什山以南为德米特里的世系。兴都库什山以南的希腊王国，史称"印度—希腊王国"，延续时间略长于山北的希腊—巴克特里亚王国。

早在德米特里时期，由于他长期生活在印度地区，因此他所发行的钱币上就已经开始融入印度的文化因素。一方面，在

① 蓝琪. 中亚史（第一卷）［M］. 北京：商务印书馆，2018：152.

他的钱币上，一个典型的特征是头戴大象皮的肖像，德米特里已经不像以前的赫拉克勒斯那样头戴狮子皮。

注：钱币正面为头戴大象皮的德米特里右向头像。背面为希腊语币文"ΒΑΣΙΛΕΩΣ ΔΗΜΗΤΡΙΟΥ"（国王德米特里），背面纹饰为手持狮子皮和木棒的赫拉克勒斯。

图 1-11　巴克特里亚王国德米特里四德拉克马银币
（约公元前 200 年至公元前 185 年）

另外，在德米特里时期，他的钱币上开始出现佉卢文（见图 1-12）。佉卢文最早起源于古代犍陀罗，是公元前 3 世纪印度孔雀王朝的阿育王时期的文字，全称"佉卢虱底文"（Kharosthi），最早在印度西北部和今巴基斯坦、阿富汗一带使用。

注：钱币正面为国王右向头像，钱币四周为希腊语币文"ΒΑΣΙΛΕΩΣ ΑΝΙΚΗΤΟΥ ΔΗΜΗΤΡΙΟΥ"（不可战胜的国王德米特里），背面为手持闪电的宙斯，环绕的是佉卢文币文（不可战胜的德米特里国王）。

图 1-12　巴克特里亚王国德米特里德拉克马银币

由此可见，在德米特里时期，希腊文化与印度文化开始渐渐融合，希腊式钱币也开始了它的印度化过程。钱币不仅保留了正面国王像、背面神祇像的基本模式，而且开创了正反双语环绕的新样式。

印度—希腊王国的世系比较混乱，根据历史文献和钱币学的现有证据，也无法得到所有人都认同的结果，但还是要提到以下两位统治者的名字。

第一位是阿波罗多斯一世（Apollodotus I）。大约在公元前156年，也就是他统治的早期，在兴都库什山以南发行了阿提卡标准的半德拉克马银币，名义重量为2.12克，实际重量为1.74克，但是在当地并不流行。他很快就放弃了这种钱币，改为发行孔雀王朝方形样式的钱币，并采用了印度标准的2.45克。在这种钱币上，正面为印度的大象，背面为印度的瘤牛（见图1-13）。但是，阿波罗多斯一世发行的两面皆为印度象征纹饰的钱币仅是一种短时期的尝试。此后，印度—希腊王国就再也没有发行过这种两面都是印度象征纹饰的钱币。[①]

注：钱币正面为右向的大象，环绕着希腊文币文"ΒΑΣΙΛΕΩΣ ΑΠΟΛΛΟΔΟΤΟΥ ΣΩΤΗΡΟΣ"（国王阿波罗多斯，救世主），背面为右向的瘤牛，环绕着佉卢文币文（大王阿波罗多斯，救世主）。

图1-13 印度—希腊王国阿波罗多斯一世方形德拉克马

---

① ［意］朱莉阿诺. 西北印度地区希腊至前贵霜时代的钱币［G］//［意］卡列宁等编著. 犍陀罗艺术谈源. 上海：上海古籍出版社，2016：61.

另一位就是米南德一世（Menander I）（见图 1 - 14），他是印度文化的推崇者以及佛教的推广者。这位希腊国王的事迹曾经出现在印度佛教的经典中，佛教经典《弥兰陀王问经》记录他向一位僧侣那先比丘问道的故事。经中描述米南德是个博学的雄辩之士，拥有优秀的能力和坚定的决心，并知晓许多印度知识，他所统治的国家强大且富有。这部佛经汉译本为《那先比丘经》，经中载：

那先问王：王本生何国？王言：我本生大秦国，国名阿荔散。那先问王：阿荔散去是间几里？王言：去二千由旬，合八万里。

这里所指的"大秦国"，就是中国古人对西方世界的泛称，而阿荔散则应当是"亚历山大城"的对译。米南德一世时，已经很少发行阿提卡标准的钱币，改为采用印度标准的钱币。

注：钱币正面为米南德一世戴头盔右向头像，四周为希腊语币文"ΒΛΣΙΛΕΩΣ ΣΩΤΗΡΟΣ ΜΕΝΑΝΔΡΟΥ"（国王米南德，救世主），背面为戴着头盔的雅典娜左向全身像，环绕着佉卢文币文（大王，救世主）。

图 1 - 14　印度—希腊王国米南德一世四德拉克马银币

第二节　吐火罗部的入侵与大夏国的建立

一、中西文献及历史遗迹中的塞种人

塞种人部落是古老的伊朗语系游牧民族。约 4200 年前，由于气候异常，黑海、里海低地发生海侵，塞种人被迫迁出西徐亚台地和黑海、里海低地，从那时起，他们的足迹遍及包括西域在内的欧亚草原。① 整个欧亚草原游牧部落居无定所，这些游牧人群骑马往来，东西驰骋，南北迁徙，他们的活动范围空前扩张。游牧的群体频繁迁徙，交错共居，逐渐形成以马具、武器和动物装饰艺术三要素为突出表现的文化风格。② 塞种人在中西方历史中都留下了深刻的印记（见图 1 - 15），对世界古代史产生了巨大的影响。这一驰骋于欧亚草原上的大部落，中国古人称其为"塞种人"，波斯人称其为"Sakā""Sacae"（塞卡），希腊人称其为"Σκύθαι"（斯基泰）。

塞种人，可见于《汉书》。《汉书·西域传下》载：

乌孙国……本塞地也。大月氏西破走塞王，塞王南越县度，大月氏居其地。

《汉书》记载了塞种部落南迁到印度的历史。

在波斯文献中，称塞种为"Sakā""Sacae"。早在波斯阿契美尼德王朝大流士一世（Darius I，公元前 521 年至公元前 485 年在位）的贝希斯登铭文中，就记载了这个部落。该铭文第一栏第 12 ~ 20 行记载：

国王大流士说，按照阿胡拉马兹达的意旨，下列诸郡归属于我，我成为他们的王：

Pārsa	波斯
Ūvja	埃兰
Bābiru	巴比伦
AΘurā	亚述
Arabāya	阿拉比亚
Mudrāya	埃及

---

① 曾宪法. 先秦时期塞种人之族源及其东渐问题 [J]. 国际关系学院学报，2001 (2).

② 刘学堂. 乌鲁木齐的史前时代 [M]. 北京：商务印书馆，2019：312.

海滨的人们

Sparda	萨尔迪斯
Yauna	伊奥尼亚
Māda	米地亚
Armina	亚美尼亚
Katpatuka	卡帕多西亚
ParΘava	帕提亚
Zranka	德兰奎亚那
Haraiva	阿列亚
Uvārazmī	花剌子模
Bāxtri	巴克特里亚
Sugda	索格底亚那
Gandāra	犍陀罗
Sakā	塞种
Θatagu	沙塔吉提亚
Harauvati	阿拉霍西亚
Maka	马克兰

凡二十三郡

第二栏第 5~8 行载:

国王大流士说:我在巴比伦时,下列诸郡叛离了我:波斯、埃兰、米地亚、亚述、埃及、帕提亚、马尔吉亚那、沙塔吉提亚、塞种。

第三栏第 20~30 行载:

国王大流士说:后来,我和军队一起向塞种人进发。于是,他们——带尖帽的 Sacae 向我推进。我来到海边,用木材和全军一起渡河。接着,我猛烈攻击塞种人,停获其别部,他们被捆绑着带到我这里来,我杀死了他们。他们的首领斯昆卡(Skunxa)被抓到我这里。于是,如我所愿,我使另一人为首领。此后，这个郡成了我的。

图 1 – 15　阿帕丹《藩臣职贡图》中的带尖帽的塞种人浮雕

历史学家希罗多德的《历史》一书中，也记载了关于塞种人的历史。但希罗多德并没有完全分清"塞卡人"（Sacae）和"马萨格泰人"（Massagetae）。希罗多德说，马萨格泰是一个勇武善战的强大民族，他们住在东边日出的地方，住在位于 Araxes（药杀水，即今锡尔河）河对岸与 Issedones 人相对的地方。（I，204）马萨格泰人和斯基泰人穿着相同的衣服，有着同样的生活方式。（I，215）有一些人说他们是斯基泰的一个民族。（I，201）波斯人把斯基泰人都称作"Sacae"，有学者认为，他们把衣着、生活方式与斯基泰人相同的马萨格泰人称为"Sacae"也是完全有可能的。马萨格泰这一名称，很可能指"大 Sacae 部落"。① 也有人认为，马萨格泰人是指"大 getae"，是"大月氏"的对译。② 当然，对此也有学者反对，因为马萨格泰人自公元前 5 世纪开始就一直居住在里海与咸海以东的平原。③ 至于 Issedones，有学者认为是

---

①　余太山．塞种史研究［M］．北京：商务印书馆，2012：23.

②　B. Philip Lozinski. *The Original Homeland of Parthians*［M］. 1959：26.

③　［匈］哈尔马塔．中亚文明史（第二卷）［M］．北京：中译出版社，2017：153.

《汉书》中所载的"乌孙"的对译。①

阿里安所著《亚历山大远征记》中载：

大流士三世（公元前336年～前330年）的部队之所以这样强大，是因为有大批援军。有巴克特里亚边境上的一些印度部族，加上索格底亚那人和巴克特里亚人。以上这些部队都由巴克特里亚督办柏萨斯指挥。和这些人一起前来支援的，还有居住在亚洲斯基泰人当中的一个叫 Sacae 的部族。他们之所以来支援，并不是因为他们附属于柏萨斯，而是因为他们和大流士结了盟。这批部队是马上弓箭手，指挥官叫 Manaces。（Ⅲ，8）

普林尼在《自然史》一书中对 Sacae 也有记载："［锡尔河］对面是若干斯基泰部族。波斯人将这些离波斯最近的部族一概称为 Sacae……［斯基泰人］有无数部族……其中最著名的是 Sacae、Massagetae、Dahae、Essedones。"（Ⅵ，19）

二、塞种四部

斯特拉博的《地理学》中记载：

里海（Caspiai）沿岸的斯基泰人大部分是所谓的大益人（Däae），其东侧有马萨格泰人和塞卡人，其余虽然各有名号，但皆被称为斯基泰人。他们全以游牧为生，其中最著名的是从希腊人手中夺了去了巴克特里亚的 Asii、Pasiani、Tochari 和 Sacarauli。他们来自药杀水彼岸，与塞卡和索格底亚那相比邻、被塞卡人占领的地方。②

有学者指出，上述四个部落中的 Pasiani 除了在斯特拉博的

---

① 伯恩施坦姆．谢米列耶和天山历史文化的几个主要阶段［J］．陈世良，译．新疆文物，1992 年译文专刊．

② ［古希腊］斯特拉博．地理学［M］．李铁匠，译．上海：上海三联书店，2014：760－761．斯特拉博大约生活在公元前64年至公元23年。《地理学》记载了他生前所知道的历史和地理学知识。故而，《地理学》的记载，应止于公元前后。

《地理学》中被介绍之外，并无其他记载，也无事迹可考，Pasi-ani（Πασιανι）可视为 Gasiani（Γασιανι）之讹。① 如此一来，塞种四部应为 Asii、Gasiani、Tochari 和 Sacarauli。公元前 7 世纪末，上述塞种四部已出现在伊犁河、楚河流域。塞种四部在我国先秦典籍中就已经有过记载，他们分别是允姓之戎、禺知、大夏和莎车。② 公元前 623 年，秦穆公称霸西戎，拓地千里，或因此引起了塞种人诸部落西迁。其中，禺知西迁者可能只是其中一小部分，留在故地者最终发展成一个强盛的部族，即大月氏的前身——月氏。③

先秦开始的塞种部落西迁的结果，反映在后来的《史记》等典籍中成为西域诸国。这些国家，有的采取农耕方式，成为"土著"；有的依然游牧，为"行国"。

《史记·大宛列传》：

大宛在匈奴西南，在汉正西，去汉可万里。其俗土著，耕田，田稻麦。有蒲陶酒。多善马，马汗血，其先天马子也。

大宛——Tochari 部建立的农耕国家。

乌孙在大宛东北可二千里，行国，随畜，与匈奴同俗。控弦者数万，敢战。

乌孙——Asii 部建立的游牧国家。

康居在大宛西北可二千里，行国，与月氏大同俗。控弦者八九万人。与大宛邻国。国小，南羁事月氏，东羁事匈奴。

康居——Gasiani 部建立的游牧国家。

奄蔡在康居西北可二千里，行国，与康居大同俗。控弦者十余万。临大泽，无崖，盖乃北海云。

---

① J. Marquart. Ēānšahr. Berlin, 1901：206. 转引自余太山. 贵霜史研究［M］. 北京：商务印书馆，2015：9.

② 参见余太山. 古族新考［M］. 北京：商务印书馆，2012.

③ 余太山. 贵霜史研究［M］. 北京：商务印书馆，2015：11.

奄蔡——Asii 部建立的游牧国家。

大月氏在大宛西可二三千里，居妫水北。其南则大夏，西则安息，北则康居。行国也，随畜移徙，与匈奴同俗。

大月氏——先秦文献中的禺知，Gasiani 部建立的游牧国家。

三、印度—塞种国家

塞种人不仅西迁到西域地区，他们还继续向西迁入河中地区，并向南迁徙，最远到达兴都库什山南的印度西北部地区。

《汉书·西域传》载：

昔匈奴破大月氏，大月氏西君大夏，而塞王南君罽宾。塞种分散，往往为数国。自疏勒以西北，休循、捐毒之属，皆故塞种也。

大月氏为匈奴所破，西徙塞地，逐走塞王，时在公元前 177 或公元前 176 年，可知塞种人生活在伊犁河、楚河流域直至此时。此后，其人除留在故地先后臣服大月氏、乌孙者外，部分经县度进入罽宾，部分散处于帕米尔地区。[①]

塞种人南迁越过兴都库什山南迁之犍陀罗和呾叉始罗（塔克西拉）以后，先是以被统治者的身份定居下来，在公元前 1 世纪初，塞种人在其王毛厄斯（Maues）的率领下，推翻了印度—希腊王国，使当地的印度—希腊王国退居帕罗帕米萨德（中国史书称"高附"）的迦毕试城（Kapisa）。塞种人在这里建立的国家，中国史称"罽宾（ki-pin）"。[②]

《汉书·西域传》载：

罽宾国，王治循鲜城，去长安万二千二百里。不属都护。户口胜兵多，大国也。东北至都护治所六千八百四十里，东至

① 余太山.塞种史研究［M］.北京：商务印书馆，2012：16.
② 蓝琪.中亚史（第一卷）［M］.北京：商务印书馆，2018：238.

乌秅国二千二百五十里，东北至难兜国九日行，西北与大月氏、西南与乌弋山离接。

自从塞种人越过兴都库什山后，就在山南地区和印度—希腊王国展开了领土争夺战。这一动荡时期持续了将近一个世纪。《汉书·西域传》载：

自武帝始通罽宾，自以绝远，汉兵不能至，其王乌头劳数剽杀汉使。乌头劳死，子代立，遣使奉献。汉使关都尉文忠送其使。王复欲害忠，忠觉之，乃与容屈王子阴末赴共合谋，攻罽宾，杀其王，立阴末赴为罽宾王，授印绶。后军候赵德使罽宾，与阴末赴相失，阴末赴锁琅当德，杀副已下七十余人，遣使者上书谢。孝元帝以绝域不录，放其使者于县度，绝而不通。

一说乌头劳［a–do–lo］为塞种人国家之王阿季利塞斯（Azilises）。而"容屈"［jiong–khiuət］应为当地人对希腊人的称谓"Ιωνακη"的对译。容屈王子阴末赴，一说为希腊王子赫马厄斯（Hermaeus）。① 文忠与希腊王子赫马厄斯联手推翻了塞种人政权，并由汉室授印绶为罽宾王。尽管后来"相失"，但也可视为希腊人政权曾归附汉室的一个有意思的经历。

据查士丁《〈腓利史〉概要》载，塞种人在征服巴克特里亚之后不久，又向西攻击波斯安息王朝。

四、吐火罗部的大夏国

曾一度有人认为巴克特里亚希腊人王国为大夏国。考察历史，此说未安。

汉使张骞于公元前 129 年所见到的大夏，已经为大月氏所征服。《史记·大宛列传》载：

---

① 余太山. 贵霜史研究［M］. 北京：商务印书馆，2015：29. 又有认为"阴末赴"应为阿波罗二世. 参见蓝琪. 中亚史（第一卷）［M］. 北京：商务印书馆，2018：239.

大夏在大宛西南二千馀里妫水南。其俗土著，有城屋，与大宛同俗。无大君长，往往城邑置小长。其兵弱，畏战。善贾市。及大月氏西徙，攻败之，皆臣畜大夏。大夏民多，可百馀万。其都曰蓝市城，有市贩贾诸物。其东南有身毒国。

张骞对大夏国的了解，并非耳闻，而是他在当地所了解到的。张骞对大夏国"无大君长""兵弱""畏战"等信息的描述与希腊—巴克特里亚王国不符。[①] 根据历史材料，希腊人在巴克特里亚地区的政权灭亡于公元前 140 年，也就是说，在张骞来到这里十几年前，这里的希腊政权就已经灭亡了。[②] 由于大夏国是吐火罗等部游牧民族建立的政权，所以，"无大君长""城邑置小长"也是符合的。

《旧唐书·西域传》载："大夏即吐火罗。""大夏"应是"吐火罗"（Tochari）的对译。如前所述，斯特拉博《地理学》也有明确记载。

也就是说，消灭巴克特里亚政权的是塞种四部中的吐火罗部，而非大月氏。消灭巴克特里亚王国的吐火罗部，除了在当地建立了大夏国外，还在费尔干纳盆地建立了大宛。"大宛"（dat‑iuan）也可视为"Tochari"的对译。[③]

王国维先生说："乌孙之徙、塞种之徙、大夏之徙、大月氏之徙、匈奴之徙、嚈哒之徙、九姓昭武之徙、突厥之徙、回鹘之徙、蒙古之徙，莫不自东而西。"[④] 吐火罗部的大夏国，并非在公元前 2 世纪才出现在巴克特里亚，而是此前已经出现在新疆、河西走廊乃至中原腹地。"Tochari"，除了《史记》《汉书》

---

① [匈]哈尔马塔. 中亚文明史（第二卷）[M]. 北京：中译出版社，2017：155.

② 余太山. 古族新考 [M]. 北京：商务印书馆，2012：60.

③ 余太山. 古族新考 [M]. 北京：商务印书馆，2012：63.

④ 王国维. 观堂集林（附别集）[M]. 北京：中华书局，1959：611.

称"大夏"外，此后的中国文献中，《后汉书》谓之"兜勒"，六朝译经者谓之"兜佉勒""兜佉罗"，《魏书》谓之"吐呼罗"，《隋书》以下谓之"吐火罗"，玄奘《西域记》谓之"覩货罗"。[①]"覩货罗"之名，源出大夏，大夏本东方古国。[②]

《管子·封禅篇》载齐桓公"西伐大夏，涉流沙，束马悬车，上卑耳之山"。有学者指出，此处的大夏在甘肃境内河西地区。[③]《穆天子传》中称"大夏"为西夏，一说大夏故地在当时西夏之东。[④]循此继续，《左传·昭公元年传》载"昔高辛氏有二子，伯曰阏伯，季曰实沈，居于旷林，不相能也。日寻干戈，以相征讨。后帝不臧，迁阏伯于商丘，主辰。商人是因，故辰为商星。迁实沈于大夏，主参。唐人是因，以服事夏、商。"此处之"唐"为有唐氏。一说"唐"[dang]可视为"大夏"或"吐火罗"之省译。[⑤]《说文解字》："陶，丘再成也，在济阴。《夏书》曰：东至陶丘。陶丘有尧城，尧尝居之，后居于唐，故尧号陶唐氏。"由此可略见陶唐氏自东迁徙后攻伐有唐氏。这样看来，吐火罗部在尧帝伐唐时，自此向西迁出。《逸周书·史记解》："文武不行者亡。昔者西夏性仁非兵，城郭不修，武士无位，惠而好赏，屈而无以赏，唐氏伐之，城郭不守，武士不用，西夏以亡。"此处亦可略见唐氏伐西夏（大夏）。一说尧帝之都邑在今山西临汾（尧都）下辖的襄汾县陶寺遗址。从考古证据来看，公元前4000年左右，该地区发生过一场战乱。[⑥]

---

①　王国维. 观堂集林（附别集）[M]. 北京：中华书局，1959：613–614.

②　王国维. 观堂集林（附别集）[M]. 北京：中华书局，1959：612.

③④　余太山. 古族新考[M]. 北京：商务印书馆，2012：66.

⑤　余太山. 古族新考[M]. 北京：商务印书馆，2012：75.

⑥　更主流的观点是，这里从考古发掘上看，尽管这里发生过战乱，但文化上是连续的，因而只是发生了内部的革命。参见许宏. 何以中国：公元前2000年的中原图景[M]. 北京：生活·读书·新知三联书店，2016：3–5.

尽管以上阐述只能说是猜想，但是印欧人在历次迁徙中，最早于公元前 3000 年左右曾居住在我国新疆地区，却是有考古证据可循的。塔里木盆地南缘、孔雀河下游、罗布泊等地区墓地中发现的干尸、遗骸等，均表明当地已经存在印欧人种。[①]

第三节　月氏西迁与中亚政局的变迁

一、月氏的第一次西迁

《汉书·西域传》载：

大月氏本行国也，随畜移徙，与匈奴同俗。控弦十余万，故强轻匈奴。本居敦煌、祁连间，至冒顿单于攻破月氏，而老上单于杀月氏，以其头为饮器，月氏乃远去，过大宛，西击大夏而臣之，都妫水北为王庭。其余小众不能去者，保南山羌，号小月氏。

汉时所称"月氏"，《逸周书》《穆天子传》《管子》等先秦文献中称"禺氏""禺知""月支"。三国时期《南州异物志》载，大月氏国"人民赤白色"。作为游牧民族，目前学界通常认为其为印欧语系的欧罗巴人种。[②] 月氏并非只出现在中国文献中。斯特拉博《地理学》记载，公元前 200 年左右，希腊—巴克特里亚王国的国王们把那些妄图扩展势力的东方民族称为"Phrynoi"和"Seres"。前者是指匈奴，而后者则是以月氏代称的丝绸民族。[③] 历史上，月氏曾有过两次西迁。

《穆天子传》记载，月氏人居中国中原王朝正北方，即"伊

---

①　王欣.吐火罗史研究（增订本）[M].北京：商务印书馆，2017：28-29.

②　蓝琪.中亚史（第一卷）[M].北京：商务印书馆，2018：220.

③　[日]小谷仲男.大月氏：寻找中亚谜一样的民族 [M].王仲涛，译.北京：商务印书馆，2017：22.

尹献命列禺氏于正北";《逸周书》载"正北……禺氏"。有学者考证,按前述两个文献,当时(公元前5世纪前)禺氏的居地在今山西平鲁、井坪一带,地处今内蒙古草原南缘一带。[①] 公元前3世纪,月氏出现在河西走廊一带。这是月氏的第一次西迁。《管子》中多次提到月氏与玉有关,如"玉起于禺氏"(《国蓄篇》),"玉出于禺氏之旁山"(《轻重乙篇》)。有学者据此考证,月氏西迁可能为了垄断玉石贸易。同时,也有可能与公元前7世纪齐桓公和秦穆公在北方和西北方的征伐有关。[②]

二、月氏的第二次西迁

在匈奴人对月氏人征伐之前,月氏人所统治的是一个强大的草原帝国,他们的疆域包括蒙古草原西北部和黄河上游地区。而月氏人在中亚也处于优势地位。[③] 月氏的第二次西迁分为两个阶段。第一个阶段,是因为匈奴的两次征伐。

匈奴第一次征伐月氏是在冒顿单于时期。冒顿单于曾经作为人质被扣留在月氏。《史记·匈奴列传》载:

单于有太子名冒顿。后有所爱阏氏,生少子,而单于欲废冒顿而立少子,乃使冒顿质于月氏。冒顿既质于月氏,而头曼急击月氏。月氏欲杀冒顿,冒顿盗其善马,骑之亡归。头曼以为壮,令将万骑。

从小不被父王头曼单于待见的冒顿,从月氏逃出后,开始了他的复仇计划。冒顿用一种非常不同的方式来训练手下,使其绝对服从于自己。首先冒顿要求手下将箭射向他的响箭所射之处,动作慢的人就当场处死。接下来,他将响箭射向自己的

---

①　蓝琪. 中亚史(第一卷)[M]. 北京:商务印书馆,2018:220.

②　蓝琪. 中亚史(第一卷)[M]. 北京:商务印书馆,2018:221.

③　[匈]哈尔马塔. 中亚文明史(第二卷)[M]. 北京:中译出版社,2017:158.

坐骑，有所迟疑的人也被处死。再接下来，他把响箭射向自己的爱妃，凡是犹豫的人同样被处死。最后，他将响箭射向自己的父王。在冒顿的代表着绝对服从的响箭的命令下，手下人一起把他的父王射死。冒顿自此自立为单于。

公元前176年，自诩为天所立匈奴大单于的冒顿，给汉文帝写了一封信，信中称：

以天之福，吏卒良，马强力，以夷灭月氏，尽斩杀降下之。定楼兰、乌孙、呼揭及其旁二十六国，皆以为匈奴。

这封信中，冒顿单于明确表示攻灭了月氏，此外还攻灭了西域二十六国。此信在当时的朝廷中引起巨大反响，以至于公卿皆曰："单于新破月氏，乘胜，不可击。且得匈奴地，泽卤，非可居也。和亲甚便。"

而到了冒顿单于之后的老上单于，则给了月氏致命的打击。老上单于不仅进一步打击了月氏，还将月氏王的头颅作为饮器。杀了敌人之后，将其头骨作为酒杯，或者取其头皮，这是欧亚大陆游牧民族中自古以来的习俗。① 经过匈奴人两次打击，月氏被迫西迁。这是月氏西迁的第一阶段。

而月氏第二次西迁的第二个阶段，则是由于乌孙国的打击。《史记·张骞传》载：

昆莫既健，自请单于报父怨，遂西攻破大月氏。大月氏复西走，徙大夏地。

向西迁徙的月氏，一部分向西攻占了塞种人所居之地。《汉书·张骞传》载"月氏已为匈奴所破，西击塞王，塞王南走远徙，月氏居其地。"另一部分则向西南来到中亚地区。

---

① ［日］小谷仲男．大月氏：寻找中亚谜一样的民族［M］．王仲涛，译．北京：商务印书馆，2017：29.

三、大月氏在巴克特里亚的间接统治

月氏"故时强，轻匈奴，及冒顿立，攻破月氏，至匈奴老上单于，杀月氏王，以其头为饮器。"作为结果，就像《史记·大宛列传》中所记载的：

是时天子问匈奴降者，皆言匈奴破月氏王，以其头为饮器，月氏遁逃而常怨仇匈奴，无与共击之。

在了解了这样的情况之后，汉武帝决定联合对匈奴人有宿怨的月氏，共同征讨匈奴。张骞正是带着这样的使命出使西域的。公元前129年，张骞历经险阻，来到了中亚地区。他在这里见到了定居此地的月氏人。此时，斯特拉博《地理学》中所记载的征服希腊—巴克特里亚王国的吐火罗部所建立的大夏国，已经被月氏人占领："及大月氏西徙，攻败之，皆臣畜大夏。"

带着联合月氏征讨匈奴这一使命的张骞，到达月氏后，得知"大月氏王已为胡所杀，立其太子为王。既臣大夏而居，地肥饶，少寇，志安乐，又自以远汉，殊无报胡之心。骞从月氏至大夏，竟不能得月氏要领。"（《史记·大宛列传》）

此时，月氏对大夏的统治是一种间接的方式。对此，《史记·大宛列传》明确记载。

此时，尽管大月氏已经"臣畜"大夏，但其南为大夏，应该还属于两个政权同时存在的阶段。并且，大月氏"都妫水北，为王庭"，即大月氏在阿姆河的北岸。而"大夏在大宛西南二千馀里妫水南""其都曰蓝市城"（《史记·大宛列传》）。

由此可见，此时塞种人吐火罗部所建立的大夏国，仍然存在。

四、大月氏在巴克特里亚的直接统治

班超少子班勇，曾长期经营西域。《后汉书·西域传》云：

"班固记诸国风土人俗,皆已详备《前书》。今撰建武以后其事异于先者,以为《西域传》,皆安帝末班勇所记云。"大致的时间应在公元100年之后。

《后汉书·西域传》载:

大月氏国居蓝氏城,西接安息,四十九日行,东去长史所居六千五百三十七里,去洛阳万六千三百七十里。户十万,口四十万,胜兵十余万人。

从上一段文字中可以看出,大月氏在渡过阿姆河之后,已经完全占领了大夏国曾经的都城——蓝氏城,大夏国此时应该已经不存在了。

此时大月氏疆域较之前已经扩大了:其北以铁门为界与康居接壤;东北以卡拉捷为界与大宛为邻;南达兴都库什山和喀布尔河流域,与罽宾相接;西邻莫夫,与安息王国接壤;东至小帕米尔和吉尔吉特河流域,与无雷国和难兜国接界。①

第四节 贵霜翕侯的兴起与贵霜王朝的建立

一、五翕侯时期与贵霜翕侯的兴起

贵霜王朝具体兴起于什么时间,目前学界并无定论。大致来看,贵霜王朝始于公元1世纪贵霜翕侯的兴起。《汉书·西域记》载:

大夏本无大君长,城邑往往置小长,民弱畏战,故月氏徙来,皆臣畜之,共禀汉使者。有五翕侯:一曰休密翕侯,治和墨城,去都护二千八百四十一里,去阳关七千八百二里;二曰双靡翕侯,治双靡城,去都护三千七百四十一里,去阳关七千

---

① 蓝琪. 中亚史(第一卷)[M]. 北京:商务印书馆,2018:252.

七百八十二里；三曰贵霜翕侯，治护澡城，去都护五千九百四十里，去阳关七千九百八十二里；四曰肸顿翕侯，治薄茅城，去都护五千九百六十二里，去阳关八千二百二里；五曰高附翕侯，治高附城，去都护六千四十一里，去阳关九千二百八十三里。凡五翕侯，皆属大月氏。

《汉书》所载五翕侯，有学者考证，"休密"［xiu－miet］，为托勒密《地理志》（Ⅵ，13）所载 Sacara 地区小部落 Komedae 之对译。其所治和墨城亦为 Komedae 之对译。"双靡"［sheong－miai］，为 Śyāmāka 之对译。"贵霜"［kiuət－shiang］为"Gasiani"，即"Kushān"之对译，其所治护澡城，也为"Gasiani"，即"Kushān"之对译。"肸顿"［piet（bet）－tuən］，为 Badakhshān 之对译，其所治薄茅城，为"薄第"之讹，"薄第"［bak－dyei］，也为 Badakhshān 之对译。"高附"［kô－bio］，为 Yamgān 或 Hamakān 之对译。[1]

起初，五翕侯名义上听从大月氏的命令，而实际上，他们有很大的自主权。在阿姆河流域和泽拉夫善河流域出土的公元前 2 世纪至公元前 1 世纪时期的钱币，反映了翕侯独立管辖的一些情况。在不同的翕侯领地，出土的钱币各式各样，有仿希腊—巴克特里亚王欧克拉提德的、有仿希腊—巴克特里亚王攸克拉提德斯的、有仿安条克一世的、有仿赫利奥克勒的。[2]

《汉书》中关于贵霜记载的历史，不超过公元 100 年。彼时，共禀汉使者，凡五翕侯，皆属大月氏。大月氏对五翕侯还属于间接统治。到了《后汉书》中所记载的历史，情况就发生了变化。《后汉书·西域传》载：

---

① 余太山．两汉魏晋南北朝正史西域传要注（上册）［M］．北京：商务印书馆，2013：123－125.

② 蓝琪．中亚史（第一卷）［M］．北京：商务印书馆，2018：252.

初，月氏为匈奴所灭，遂迁于大夏，分其国为休密、双靡、贵霜、肹顿、都密，凡五部翎侯。后百余岁，贵霜翎侯丘就却攻灭四翕侯，自立为王，国号贵霜。

公元前 140 年左右，吐火罗部攻灭希腊—巴克特里亚王国建立大夏国，此后不到十余年，大夏国"臣畜"月氏。也就是说，公元前 120 年之前，大月氏人就已经征服了大夏国。"后百余岁"，贵霜翕侯丘就却攻灭四翕侯，统一贵霜。贵霜王朝从此兴起。

除此之外，《后汉书》还纠正了《汉书》中的一个错误，即并无高附翕侯，而应是都密翕侯。《后汉书·西域传》载："高附国，在大月氏西南，亦大国也。其俗似天竺，而弱，易服。善贾贩，内富于财。所属无常，天竺、罽宾、安息三国强则得之，弱则失之，而未尝属月氏。《汉书》以为五翎侯数，非其实也。后属安息。及月氏破安息，始得高附。"

二、丘就却的扩张

五翕侯之一的贵霜翕侯丘就却（Kujula Kadphises），通常被认为大约在公元 24 年至公元 25 年，开始了兼并其他翕侯领地的战争。大约在公元 44 年，丘就却攻灭了其他四个翕侯，统一了大月氏国。贵霜王朝就此建立。[①]

丘就却在兴起之后，就开始了扩张战争。《后汉书·西域传》载：

侵安息，取高附地。又灭濮达、罽宾，悉有其国。

安息，是中国古代文献对波斯帝国阿萨西斯王朝（公元前 227 年至公元 226 年）的称谓，又称"帕提亚王国"。

大月氏国与安息接壤，"安息东则大月氏"，"土地风气，物类所有，民俗钱货，与安息同"。（《汉书·西域传》）但是这里

---

① 蓝琪. 中亚史（第一卷）[M]. 北京：商务印书馆，2018：253.

所指安息，应为印度—安息（印度—帕提亚）国家。

高附，是喀布尔河上游地区。"高附"［kô－bio］，即喀布尔河古称之 Kophen 的音译。"侵安息，取高附地"，应当是指从印度—帕提亚王朝手中夺取喀布尔河上游地区。[①]

濮达，应为《汉书·西域传》中所载"撲挑"："乌弋山离国，王去长安万二千二百里。不属都护。户口胜兵，大国也。东北至都护治所六十日行，东与罽宾、北与扑挑、西与犁轩、条支接。""濮达"［pok－dat］应为 Bāχtri 之对译，指巴克特里亚地区。传文所载"灭濮达"，是指贵霜翕侯丘就却在这里攻灭了占领巴克特里亚地区的大月氏国。[②]

"罽宾"，古迦毕试（Kapisa），是指喀布尔河中下游的犍陀罗地区和呾叉始罗地区。

三、贵霜王朝的早期世系

贵霜王朝的世系，《后汉书·西域传》只是给我们一个简单描述：

丘就却年八十余死，子阎膏珍代为王。

出土的钱币证明了中国文献的记载。在钱币上，丘就却的名字为 Kujula Kadphises，而阎膏珍的名字为 Vima Kadphises。

《三国志·魏书·明帝纪》中载：

癸卯，大月氏王波调遣使奉献，以调为亲魏大月氏王。

《三国志》中所记载的波调王遣使一事，发生在公元 230 年。在出土钱币上，中文文献中的波调名字为 Vasudeva。

玄奘在《大唐西域记》中的记载：

迦腻色伽王，威被邻国，化洽远方；治兵广地，至葱岭东。

迦腻色伽，是贵霜王朝的一位伟大的君主。他在钱币上的名字为 Kanishka。

以上是中国文献中对贵霜诸王的部分记载。

1993 年 3 月，阿富汗北部巴格兰省出土了一座石碑。石碑上有由希腊字母拼写的巴克特里亚语，共 23 行（见图 1 - 16）。

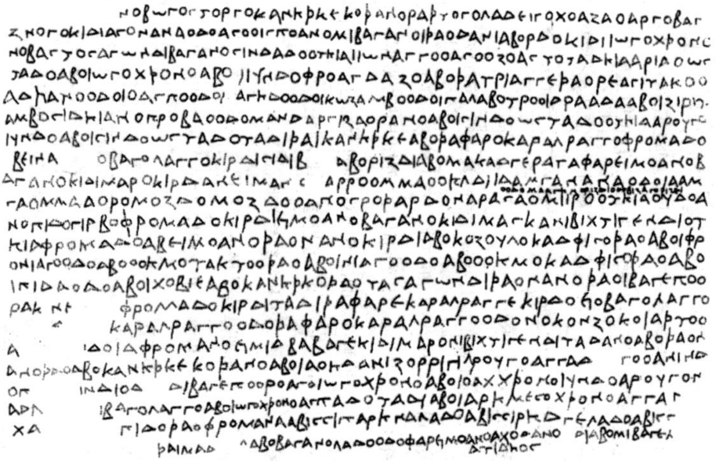

图 1 - 16　罗巴塔克碑文

根据西姆斯—威廉姆斯的释读，每一行的碑文意思分别是：

1. （图中空白处缺 10 个字）伟大的救世主，贵霜的迦腻色伽，正义者，公正者，君主，值得崇拜的神。

2. 他已从娜娜及诸神那里获得了王权，如神所愿，他开创了纪元。

3. 而且他停止使用希腊语，然后发布了雅利安语的诏敕。

4. 在元年已经对全印度、对刹帝利诸城宣告，占领了

5. （阿拉霍西亚）、Saketa、Kausamabi 和华氏城，远至室利瞻波。

6. 在他和其他将军们所到达的任何（城市），使（他们）服从于（他的）意志，而且他使全印度服从于（他的）意志。

7. 然后，迦腻色伽王命令边地领主沙法尔

8. 在王家的平原的这个地方为这些神建造名为"八吉亚卜"的庙宇，

9. 他们已由光荣的乌摩引领到这里，这些神（是）上述娜娜和

10. 乌摩、深怀慈悲的阿胡拉·马兹达、斯罗沙德、那拉萨、米希尔。

11. 他下令制作铭刻于此的诸神肖像，

12. 他还下令制作这些王（的肖像）：（他的）曾祖父丘就却王，

13. 祖父维马·塔克托王，父亲维马·卡德菲赛斯王，

14. 以及他本人，迦腻色伽王。然后，遵照众王之王、

15. 诸神之子迦腻色伽下达的命令，边地领主沙法尔建造了这座庙宗庙，

16. （图中空白处缺 8 字）边地领主皮雅什、边地领主沙法尔

17. 和努昆祖克完成了王命。

18. 愿上述众神护佑众王之王、贵霜的迦腻色伽永远健康、幸福、胜利！

19. 祝愿王、诸神之子，从即位元年到千岁，一直统治整个印度。

20. （图中空白处缺 6 个字）此神殿创建于元年，第三年完成。

21. （图中空白处缺 8 个字）遵照王命，许多祭礼被举行，侍从群集，还有许多……（被）贡献。

22. （图中空白处缺 13 个字）王把礼物献给神，关于他们

的赠物……

23.（只有文字痕迹）①

根据碑文中的记载，与《后汉书》中描述不一致的地方就是丘就却和阎膏珍之间多了一位维马·塔克托。这位维马·塔克托，是否真的为一位独立存在的王，还是他就是阎膏珍，在学术界有许多争议。

四、贵霜王朝的疆域

贵霜王朝的第一代君主丘就却，攻灭四方翕侯并扩张领土，贵霜王朝的疆域曾扩张到兴都库什山南的犍陀罗和呾叉始罗地区。从考古遗迹上看，塔克西拉（呾叉始罗）当地出土了大量丘就却名义的钱币。② 丘就却还从印度—安息人手中夺取了喀布尔河上游地区。从古代文献以及钱币学的证据考察，丘就却并未到过印度东部的亚穆纳河流域。③

公元 90 年左右，也就是阎膏珍在位时期，曾与东汉有过一次直接战争。《后汉书·班梁列传》载：

初，月氏尝助汉击车师有功，是岁贡奉珍宝、符拔、师子，因求汉公主。超拒还其使，由是怨恨。永元二年，月氏遣其副王谢将兵七万攻超。超众少，皆大恐。超譬军士曰：月氏兵虽多，然数千里逾葱岭来，非有运输，何足忧邪？但当收谷坚守，彼饥穷自降，不过数十日决矣。谢遂前攻超，不下，又钞掠无所得。超度其粮将尽，必从龟兹来救，乃遣兵数百于东界要之。

---

① 罗帅. 罗巴塔克碑铭译注与研究［J］. 西域文史（第 6 辑）. 北京：科学出版社，2011.

② ［英］约翰·马歇尔. 塔克西拉［M］. 秦立彦，译. 昆明：云南人民出版社，2002：1137.

③ Parmeshwari Lai Gupta, Sarojini Kulashreshtha. *Kuṣāṇa Coins and History*［M］. D. K. Printword ltd. , 1994：160.

谢果遣骑赍金银珠玉以赂龟兹。超伏兵遮击，尽杀之，持其使首以示谢。谢大惊，即遣使请罪，愿得生归。超纵遣之。月氏由是大震，岁奉贡献。

贵霜王朝曾越过帕米尔高原企图攻打东汉，但是被班超成功解围，最终的结果是"岁奉贡献"。

阎膏珍在位时，罽宾反叛。阎膏珍在平叛之后，借势消灭了印度的塞种人小国。[1]

迦腻色伽时期，贵霜王朝的疆域达到最大。《后汉书·西域传》载：

丘就却年八十余死，子阎膏珍代为王。复灭天竺，置将一人监领之。

天竺国一名身毒，在月氏之东南数千里。……身毒有别城数百，城置长。别国数十，国置王。虽各小异，而俱以身毒为名，其时皆属月氏。月氏杀其王而置将，令统其人。

《后汉书·西域传》记载了贵霜王朝深入印度腹地的历史：

东离国居沙奇城，在天竺东南三千余里，大国也。其土气、物类与天竺同。列城数十，皆称王。大月氏伐之，遂臣服焉。

一说"东离"（東离）为"車离"之讹，指古印度古国朱罗王朝（chola）。[2]此后，迦腻色伽还北上征讨花剌子模、大宛等国，这些国家也先后纳入贵霜王朝版图。[3]

迦腻色伽之后，贵霜王朝一度出现混乱局面。但是在波调继位后，收复了此前失去的印度西北部疆域。"罽宾国、大夏国、高附国、天竺国，皆并属大月氏。"（《魏略·西戎传》）但波调时期，也是贵霜王朝开始衰落的时期。西面的萨珊波斯不

①③　蓝琪. 中亚史（第一卷）［M］. 北京：商务印书馆，2018：256.

②　余太山. 两汉魏晋南北朝正史西域传要注（上册）［M］. 北京：商务印书馆，2013：288.

断向东进军征讨贵霜，贵霜先后失去了在索格底亚那、巴克特里亚以及高附一带的领土。萨珊国王沙普尔一世（Shapur I）时的铭文记载，"我……沙普尔……统治着诸王国：波斯……贵霜王国……所有上列大小侯国和地区的统治者……他们全都向我纳贡，受我支配。"① 至此，贵霜已经成为波斯的附属国。

---

① 蓝琪. 中亚史（第一卷）［M］. 北京：商务印书馆，2018：259－260.

第二章　贵霜王朝货币的源头

第一节　希腊化国家的货币

一、希腊的城邦货币

在西方，可以称得上是钱币（coin）的货币，最早出现在小亚细亚的吕底亚。后来，钱币渐渐传入希腊城邦和波斯的阿契美尼德王朝。

公元前5世纪早期，雅典人从拉夫里翁银矿开采白银制作银币。阿里斯托芬在其诗歌《鸟》中这样写道：

拉夫里翁的猫头鹰永不会离你而去

只会在你的钱包里

筑巢而居

并孵出零钱

在古代希腊的城邦世界，钱币的用途可能比造币的原因还要显著的多元：可能用于征服所需支出、货物交易、作为财富囤积、放贷、以税赋形式返还国家、给外邦的岁币贡赋等，不一而足。① 例如，

克利翁致迪奥提慕斯的备忘录。我错误地向税吏估算了第30年的葡萄藤税90德拉克马。（P. Petrie 11，xiii，7）

---

① ［英］伊恩·卡拉代斯. 古希腊货币史［M］. 黄希韦，译. 北京：法律出版社，2017：10.

再如，

这个人为双程旅行借给他 2000 德拉克马，条件是贷款人应在雅典收到 2600 德拉克马还款。（*Against Phormio*，23）

从上面的记载也可以看出，雅典人非常有钱，旅行的盘缠不仅数量大，而且贷款的利率也达到了 30%。有学者认为，雅典人从拉夫里翁银矿采银如此之多，以至于有人建议将盈余白银发放出去，每位公民可以分得 10 德拉克马。[①]

古代希腊的城邦时代，各个城邦都发行自己的钱币。每一个城邦所发行的钱币都各具特色（见图 2－1、图 2－2）。

注：钱币正面为头戴桂冠的宙斯，背面为一只鹰，两旁为字母“F”和“A”。

图 2－1　奥林匹亚⅟₂德拉克马银币

（约公元前 2 世纪 60 年代至公元前 2 世纪 50 年代）

注：钱币正面为仙女帕耳忒诺珀右向头像，脖子后面有字母“ΛΕ”。背面为向右走的人首牛身兽，人首向前，头顶上有飞翔的胜利女神，底板有希腊语字母“ΝΕΟΠΟΛΙΤΗΣ”（尼亚波利斯）。

图 2－2　尼亚波利斯二德拉克马银币（约公元前 325 至公元前 241 年）

---

① ［英］伊恩·卡拉代斯. 古希腊货币史［M］. 黄希韦，译. 北京：法律出版社，2017：5.

二、塞琉古王国的货币

公元前357年左右，马其顿王国的腓力二世获取了潘盖翁山丰富的银矿和金矿。史载：

此后他来到柯任尼德斯，他扩张了这里的人口，并将这个城市更名为菲利普城。此后他又使这个小金矿的产量提升，因而他每年都可以获得超过1000他连得的黄金。（*Diodorus Siculus* 16，8，6）

"他连得"是古代西方的重量单位，折合现代30 000克，即30千克，1000他连得黄金，也就是3万千克黄金。财富的增长，使腓力二世拥有财力，可以开始王国扩张。此后，腓力二世的儿子亚历山大大帝不仅击败了波斯的阿契美尼德王朝，还将疆域扩展到了印度河。在亚历山大大帝去世后，他手下的部将瓜分了他的帝国。其中，塞琉古获得了东方的领土，如前所述，这部分领土包括索格底亚那、巴克特里亚地区。

希腊城邦钱币上的纹饰，都是神话中的人物，而钱币上最早出现的凡人，则是波斯君主与小亚细亚的波斯总督们（见图2-4）。这应该与东方将君主神化与政治传统有关。[1] 希腊传统的钱币，极少出现国王的肖像。然而，这个传统从亚历山大大帝的父亲——腓力二世开始改变了（见图2-3），但是钱币正面仍然是宙斯或是阿波罗、赫拉克勒斯。

古典希腊，是城邦制的小国，尽管存在国王，也没有像波斯那样疆域广大的帝国。腓力二世及亚历山大的开疆拓土，在政治上开启了希腊人的帝国时代。他们很有可能在钱币纹饰上借鉴了波斯大流克金币上的纹饰，即将君主形象打制在钱币上，以显示君主的权威。

---

① 曾晨宇. 古希腊钱币史 [M]. 北京：文物出版社，2019：42.

注：钱币正面为头戴桂冠的宙斯右向头像。背面为菲利普策马向左，币文为希腊语"ΦΙΛΙΠΠΟΥ"（菲利普），马下面有一颗星星。

图2-3　马其顿王国腓力二世四德拉克马银币

（约公元前354/353年至公元前349/348年）

注：正面为君主屈膝持矛举弓，背面为戳记。

图2-4　波斯阿契美尼德王朝大流克金币

亚历山大去世后，他的钱币已被普遍接受，因而继续被发行。同时，新的钱币上也往往带有被奉为神明的亚历山大的头像，他的继业者以此来表示自己和亚历山大的关联。然而，亚历山大的继业者们也希望创造自己的王国或王朝。于是，在这些分裂的王国的钱币上，有关个人或王朝的款式开始出现。在塞琉古王国，钱币正面为国王像，背面为神祇像的模式，就已经成了常态。同时，希腊语币文"ΒΑΣΙΛΕΩΣ"（国王）也开始出现在钱币上（见图2－5）。①

注：钱币正面为塞琉古二世右向头像，背面为持箭站立的阿波罗，两侧币文为希腊语"ΒΑΣΙΛΕΩΣ ΣΕΛΕΥΚΟΥ"（塞琉古国王）。

图2－5 塞琉古二世四德拉克马银币（公元前302年至公元前301年）

塞琉古王国的钱币，直接影响了后来希腊—巴克特里亚王国和印度—希腊王国的钱币，并且对之后的印度—塞种国家钱币、大月氏钱币和贵霜钱币都产生了影响。

三、希腊式钱币的形制

在《西游记》中，唐僧师徒取了无字经，孙悟空向佛祖理论时，佛祖说："向时众比丘圣僧下山，曾将此经在舍卫国赵长者家与他诵了一遍，保他家生者安全，亡者超脱，只讨得他三斗三升米粒黄金回来。"这里所说的"三斗三升"，就是按照重量（体积）来计算贵金属价值的。这是因为，作为货币的"米粒黄金"自身没有标准的形制。

与称量货币不同，古希腊的货币具有标准的形制与重量。希腊钱币是采用打制的工艺完成的，也就是由一个空白的钱币坯子，放在上下两个币模之间，然后用锤子敲打币模，使币模

① ［英］伊恩·卡拉代斯. 古希腊货币史［M］. 黄希韦，译. 北京：法律出版社，2017：62.

上的图案印压在钱币坯子上。打制钱币利用了金银等贵金属的易延展性，但是也同时产生了大小不一致或钱币边缘不完整的情况。然而，由于打制的过程不会使钱币金属损失重量，所以打制完成后的钱币重量是相当一致的。这种有一定形制和重量的货币，可以被称为"数量货币"。

古代希腊世界货币的基本单位是德拉克马（Drachm）与奥波（Obol）。还存在一种被称为标准重量的斯达特（Starter，标准重量）的币制。

古代希腊不同的城邦或是城邦联盟，形成了不同的钱币重量标准。古希腊钱币共有16种主要的币制。[1] 比如，在公元前5世纪至公元前4世纪，埃伊那（Aegina）标准的斯达特银币重12克，为二德拉克马，也就是每德拉克马6克（见图2-6）。希腊大陆部分的多数地区、爱琴海诸岛和克里特岛普遍采用这一标准。阿提卡（Attic）标准的四德拉克马银币，重17.2克，每德拉克马4.3克（见图2-7）。这一标准通用于雅典及其联盟、埃维亚岛和西西里。哥林多（Corinth）及其在希腊西北部的殖民地使用科林多标准斯达特，重8.6克，为三德拉克马（见图2-8）。在南意大利，若干原本由来自伯罗奔尼撒的阿哈伊亚（Achaean）希腊人殖民城邦使用8克重斯达特，为3德拉克马。东方还使用其他重量标准，例如，公元前4世纪，希俄斯岛（Chios）（见图2-9）、罗德岛（Rhodes）和其他许多城邦使用15.3克重的四德拉克马。而与此同时代的波斯舍客勒（shekel）或双西格罗（siglos）重11克，腓尼基舍客勒重14克。[2]

　　① 曾晨宇. 古希腊钱币史［M］. 北京：文物出版社，2019：76.
　　② ［英］伊恩·卡拉代斯. 古希腊货币史［M］. 黄希韦，译. 北京：法律出版社，2017：4.

表 2 - 1　　　　　　　　　　古希腊币制

地区	斯达特	四德拉克马	德拉克马	奥波
米利都	14.2 克	—	—	—
弗卡依亚	16 克	—	—	—
吕底亚	11 克	—	—	—
阿提卡	—	17.2 克	4.3 克	0.72 克
科林多	8.6 克	—	2.9 克 = ⅓斯达特	—
埃伊那	12.4 克	—	6.2 克 = ½斯达特	1 克
萨摩斯	—	13.4 克/13 克	—	—
莱希亚	8.3 ~ 8.6 克/9.5 ~ 10 克	—	—	—
柯西拉	11.6 克	—	—	—
坎帕尼亚	7.5 克	—	—	—
罗德岛	—	15.6 克	—	—

资料来源：曾晨宇. 古希腊钱币史［M］. 北京：文物出版社，2019：76 - 79.

注：钱币正面为仙女布里托玛耳提斯，背面为阿波罗。按埃伊那标准，重 11.36 克。

图 2 - 6　克里特岛切尔索尼索斯斯达特银币

（约公元前 300 年至公元前 280 年）

注：钱币正面为戴着阿提卡头盔的右向的雅典娜。背面为身体侧向、脸向前的猫头鹰，左上角有橄榄枝和新月，右边是希腊语币文"ΑΘΕ"（雅典的）。按阿提卡标准，重17.23克。

图2－7　雅典四德拉克马银币

（约公元前449年至公元前430年）

注：钱币正面为展开双翼的飞马。背面为雅典娜（或是阿芙罗狄蒂）左向头像，头像右边为一个裸体的右向的并手持闪电的宙斯。按科林多标准，重8.44克。

图2－8　科林多斯达特银币

（约公元前400年至公元前375年）

注：钱币正面为斯芬克斯左向坐像，前面是葡萄藤覆盖的双耳罐，背面为十字符号，横杠上写着希腊文"ΣΚΥΜΝΟΣ"（希俄斯的）。按罗德岛标准，重15.14克。

图2－9　希俄斯岛四德拉克马银币

（约公元前412年至公元前350年）

古希腊各城邦以银币为主，金币并不多见。每一种币制下，金币、银币的重量都相等，其价值取决于金和银之间的兑换比率。公元前440年左右，雅典的金、银兑换比率为1∶14；公元前434年前后，比率变为1∶17；公元前409年前后，比率变为1∶11~1∶12；公元前380年前后，比率变为1∶12；公元前305年前后，比率变为1∶10。①

四、希腊式钱币的纹饰

也许，古希腊钱币最令人着迷的就是钱币上各式各样的纹饰。纹饰（type）是钱币学中的一个惯常用语，它源自希腊语"τυπος"。

希腊人重视钱币上的图案，因为它往往是作为钱币发行地的主要标志。不同图案内容的钱币，往往代表着不同的发行地。②每一个城邦都有自己独具特色的钱币纹饰。有时候，钱币上的纹饰是为了和自己城邦的名字谐音。比如说罗德岛钱币上的玫瑰（ροδο）（见图2-10），以及西西里岛上塞利农特（Selinus）城邦的野生欧芹（σελινον）。③

注：钱币正面为头发飘散的太阳神稍向右偏斜。背面为玫瑰花，币文为希腊语"POΔION"（罗德的）以及钱币记号"EY"。

图2-10 罗德岛德拉克马银币（约公元前304年至公元前275年）

---

① 曾晨宇. 古希腊钱币史［M］. 北京：文物出版社，2019：81-82.

② 曾晨宇. 古希腊钱币史［M］. 北京：文物出版社，2019：36.

③ ［英］伊恩·卡拉代斯. 古希腊货币史［M］. 黄希韦，译. 北京：法律出版社，2017：6.

　　希腊式钱币上，大量的纹饰都与神祇有关。在神话题材丰富的希腊，各个城邦都用不同的神、半人半神或是其他神话人物作为自己城邦钱币上的纹饰素材，这一特点尤其在公元前4世纪的伯罗奔尼撒地区较为突出。这些钱币纹饰雕刻精致、细节丰富，可以说是希腊的雕刻艺术在钱币上的体现。有学者认为，在这一时期，肖像钱币骤然出现，与城邦之间的攀比有关（见图2-11、图2-12）。[①]

　　注：钱币正面为宙斯左向头像，背面为坐着的潘神，以及希腊语花押字"APK"。

图2-11　阿卡迪亚同盟斯达特银币（约公元前363年至公元前362年）

　　注：钱币正面为得墨忒尔右向头像。背面为赫尔墨斯和儿童阿卡斯，希腊语币文为"ΦΕΝΕΩΝ"（菲尼乌斯的）。

图2-12　菲尼乌斯斯达特银币（约公元前350年）

---

①　Ian Carradice. *Greek Coins* [M]. British Museum Press, 1995：48.

被亚历山大大帝征服之后，希腊世界以及希腊化世界的钱币纹饰，逐渐走向统一。这种钱币的基本模式是正面为国王头像，背面为神祇。此种钱币模式在西方直接影响了罗马及其后续的拜占庭；在东方，则对中亚的货币产生了巨大的影响。

第二节　兴都库什山南北的希腊式钱币

一、巴克特里亚地区的希腊式钱币

公元前 4 世纪，希腊人随亚历山大大帝远征巴克特里亚，并在中亚的巴克特里亚地区建立了希腊人的王国。从此，希腊式的钱币就被带到了这里。在币制上，巴克特里亚希腊人的钱币采取了阿提卡标准；在纹饰上，与古典希腊城邦时代的钱币有所不同，而是继承了塞琉古王国的钱币传统，即钱币正面为国王像，钱币背面为神祇像。

最早在巴克特里亚发动政变脱离塞琉古王国的是索格底亚那和巴克特里亚总督狄奥多塔斯。起初，狄奥多塔斯还以塞琉古国王安条克二世的名义发行钱币，尽管此时他已经将头像换成了自己的。此后又出现了以狄奥多塔斯名义发行的钱币（见图 2 - 13），但是并不确定是狄奥多塔斯一世，还是狄奥多塔斯二世。

注：钱币正面为狄奥多塔斯（一世？二世？）右向头像。背面为宙斯的反身像，宙斯身旁为希腊语币文 "ΒΑΣΙΛΕΩΣ ΔΙΟΔΟΤΟΥ"（国王狄奥多塔斯）。

图 2 - 13　巴克特里亚狄奥多塔斯四德拉克马银币

　　巴克特里亚的希腊人，在王国中设立了许多造币厂。这些造币厂制作了大量精美的希腊式钱币。其中包括位于索格底亚那的赫时（Chach，今哈萨克斯坦塔什干）造币厂，位于阿姆河以南的木鹿（Merv，今土库曼斯坦马雷）造币厂，位于巴克特里亚的巴尔赫（Balkh，今阿富汗北部马扎里沙里夫）造币厂、巴米扬（Bamian，今阿富汗西北巴米扬）造币厂、潘吉希尔（Panjishir，今阿富汗喀布尔东北部潘吉希尔谷）造币厂、迦毕试（Kapisa，今阿富汗喀布尔北部恰里卡尔一带）造币厂、阿拉霍西亚（Arachosia，今阿富汗坎大哈省）造币厂。① 不同的造币厂有不同的花押字记号。例如，"PK"组合的花押字，就代表了潘吉希尔的造币厂（见图 2 - 14）。"Φ"或者"ΛΦ"组合的花押字，代表木鹿的造币厂。

　　注：钱币正面是攸提德谟斯右向头像。背面为希腊语币文"ΒΑΣΙΛΕΩΣ ΕΥΘΥΔΗΜΟΥ"（国王攸提德谟斯），纹饰为坐在石头上的赫拉克勒斯，造币厂的花押字为"PK"。

图 2 - 14　巴克特里亚王国攸提德谟斯四德拉克马银币

（公元前 220 年至公元前 208 年）

二、印度的希腊人钱币

　　希腊人早在亚历山大大帝时期就进入了印度西北部。亚历

---

① 李铁生. 古中亚币 [M]. 北京：北京出版社，2008：36.

注：钱币正面为头戴大象皮的德米特里右向头像。背面为币文"ΒΑΣΙΛΕΩΣ
ΔΗΜΗΤΡΙΟΥ"（国王德米特里），背面纹饰为手持狮子皮和木棒的赫拉克勒斯，
造币厂花押字为"ΛΦ"。

图 2 - 15　巴克特里亚王国德米特里奥波银币

山大大帝的钱币上，就已经出现了象征印度的大象后人也相继
效仿（见图 2 - 15）。而安提马克斯的钱币上，则出现了海神波
塞冬（见图 2 - 16），这也许在说明他率领的希腊人到达了印
度洋。

注：钱币正面为束头带扁平毡帽的安提马克斯右向头像。背面为手持三叉戟
的海神波塞冬，两侧为希腊语币文"ΒΑΣΙΛΕΩΣ ΘΕΟΥ ANTIMAXOΥ"（神圣的国
王安提马克斯），波塞冬脚下为造币厂花押字"MA"（犍陀罗的普世卡拉瓦）。

图 2 - 16　巴克特里亚王国安提马克斯四德拉克马银币
（约公元前 185 年至公元前 170 年）

　　印度—希腊式钱币基本上是希腊风格的，制作钱币的工匠
来自希腊或是受过希腊化训练。当时在帕罗帕米萨代、犍陀罗

和塔克西拉铸造出来的钱币，不可能是印度人设计或雕刻的。①

希腊人在印度的历史上，米南德时期是最辉煌的。虽然此时由于塞种人的入侵，希腊人失去了在巴克特里亚的故土，但是，他们在这里为自己赢得了一个更大、更富饶的王国。这一王国的中心是印度河河谷，以及广大的、灌溉条件良好的旁遮普平原。在北边，王国的领土包括印度河以外的犍陀罗和东阿拉霍西亚，西南大概包括卡奇（Kacchā）和须剌国（Surāshtra）以及更远的沿海地区，一直到巴里加扎（Brygaza）海港。

米南德在印度支持了佛教。因为，佛教对一个有知识的希腊人的吸引力，无疑要超过婆罗门教的吸引力。但是米南德支持佛教却是一个策略性的考虑，因为希腊人和佛教徒有一个共同的敌人，就是巽迦国王补沙弥多罗。正是这种同仇敌忾的情绪使他们结合在一起。这也正是米南德的钱币上会出现"ΣΩΤΗΡΟΣ"（救世主）字样的原因。同时，米南德的钱币上还出现了印度的轮子图案（见图2-17）。像印度君主一样，他声称自己拥有"转轮王"的称号。②

注：钱币正面中心为佛教的法轮，四周为希腊语币文"ΒΑΣΙΛΕΩΣ ΣΩΤΗΡΟΣ ΜΕΝΑΝΔΡΟΥ"（国王，救世主，米南德）。背面纹饰为棕榈枝，三面有佉卢文币文（国王，救世主，米南德）。

图2-17　印度—希腊王国米南德一世铜币

① ［英］约翰·马歇尔. 塔克西拉［M］. 秦立彦，译. 昆明：云南人民出版社，2002：1109.

② ［英］约翰·马歇尔. 塔克西拉［M］. 秦立彦，译. 昆明：云南人民出版社，2002：40-41.

相较于在巴克特里亚，希腊人在印度时更加注重在钱币上表现本地的文化。比如，在钱币上印刻双语的币文（见图2－18），以及印度的狮子、大象、瘤牛等。相对而言，巴克特里亚的希腊式货币在艺术性上要远高于印度的希腊式货币，甚至于其中部分的精品，在希腊本土或其他希腊世界都无法与之匹敌。这些钱币可能专门出自于一个造币家族。但很明显，希腊人没有到达印度。①

注：钱币正面为女神持花（一说为吉祥天女），左侧为婆罗米语币文（阿加索克勒斯国王）。背面为站立的狮子，上下为希腊语币文"ΒΑΣΙΛΕΩΣ ΑΓΑΘΟΚΛΕΟΥΣ"（阿加索克勒斯国王）。

图2－18　印度—希腊王国阿加索克勒斯二查柯铜币

（公元前185年至公元前170年）

三、希腊化王国晚期的钱币形制

希腊—巴克特里亚王国与印度—希腊王国的货币体系，直接承袭了塞琉古王国的币制，但是很快又开启了本土化的过程。

希腊—巴克特里亚王国与印度—希腊王国的货币可以分为希腊币制、双语币制和印度币制三个体系。②

希腊币制采用的是阿提卡标准。金币为斯达特，8.48克，

① ［英］约翰·马歇尔. 塔克西拉［M］. 秦立彦，译. 昆明：云南人民出版社，2002：1109.

② 李铁生. 古中亚币［M］. 北京：北京出版社，2008：34－36.

包括四斯达特、斯达特和¼斯达特三种。1 斯达特在重量上等于
2 德拉克马，在价值上，金银兑换比率为1:48。银币基本货币为
四德拉克马，重 16.96 克。银币还包括德拉克马、½ 德拉克马
和奥波。在价值上，6 奥波 =1 德拉克马。铜币的基本货币为二
查柯，重 8.48 克。铜币还包括六查柯、三查柯与查柯。在价值
上，8 查柯 =1 奥波。但是，在这个动荡的时代，也发行过超常
规的钱币。例如，公元前 85 年至公元前 75 年在位的阿蒙塔斯
（Amyntas） 就曾经发行过阿提卡标准的廿德拉克马（见
图 2－19）。此种钱币被认为是希腊世界钱币的巨无霸。

注：钱币正面为阿蒙塔斯头盔像，四周为连珠纹。背面为坐在宝座上的宙斯，
一手捧着雅典娜，希腊语币文为 "ΒΑΣΙΛΕΩΣ ΝΙΚΑΤΟΡΟΣ／ΑΜΥΝΤΟΥ" （国王，
胜利者，阿蒙塔斯）。按阿提卡标准，重85 克。

图 2－19　巴克特里亚王国阿蒙塔斯廿德拉克马银币

印度币制是本土的货币体系，银币的基本货币单位是卡夏
帕那，重3.5 克，含银79% （见图2－20）。铜币的基本货币单
位也称卡夏帕那，重8.5 克。在重量上，1 卡夏帕那 =4 查柯。
印度币制的形状和重量都对希腊—巴克特里亚王国与印度—希
腊王国的货币形态产生了影响，尤其是对犍陀罗地区的印度—
希腊王国影响更大。

双语币制采用的是印度标准。金币为斯达特，重8.48 克。
金币除了斯达特，还有⅛斯达特。印度标准银币的基本货币为
四德拉克马，重9.68 克。银币还包括德拉克马、½ 德拉克马。

注：重3.46克。

图 2 - 20　孔雀王朝卡夏帕那银币

（约公元前 4 世纪至公元前 2 世纪）

铜币的基本货币为二查柯，重 5 克左右。铜币还包括八查柯、四查柯与查柯。在价值上，8 查柯 = 1 奥波。

印度式货币与希腊式货币是相互影响的。在今巴基斯坦俾路支省一带发现的，公元 2 世纪至 3 世纪的帕拉塔王朝（Pārata Rājas）货币，显示了希腊式货币的特点（见图 2 -21）。

注：钱币正面为右向胸像，头上束着头带，四周没有币文，而是圆点。背面为"卍"字符，四周为婆罗米语币文（"阿鸠那的、尤拉米拉之子，帕拉塔国王"）。重 3.55 克。

图 2 -21　帕拉塔王朝阿鸠那（Arjuna）

德拉克马银币（约公元 150 年至公元 165 年）

四、希腊化王国晚期的钱币纹饰

古希腊的城邦时代，钱币发行的城邦、国家多会选择具有代表性的宗教、经济与政治之物作为钱币纹饰。古希腊钱币纹饰内容最多的是宗教神祇、神话的人或动物，祭神赛会、历史事件、神话传说、王族纹章与本地物产。[①] 亚历山大的继业者所开创的各个希腊化国家，开始了将国王头像（或胸像）放在金币与银币的正面的创作行为。在希腊—巴克特里亚和印度—希腊的钱币上，正面的超写实主义的肖像是典型的特征，尤其是在德米特里和安提马克斯的钱币上，对头饰的精确刻画以及对细节的追求都是显著的特点（见图 2 - 22）。金币、银币背面的希腊雕刻家伯拉克西特列斯风格的神祇雕像，包括赫拉克斯、宙斯、波塞冬、阿波罗，均达到了很高的艺术水平。尽管这里的神像与其起源地略有不同，比如德米特里钱币上的阿尔忒弥斯头顶上光芒四射。[②]

注：钱币正面为赫拉克勒斯，并且扛着木棒，背面为头顶光芒的阿尔忒弥斯，两边为希腊语币文"ΒΑΣΙΛΕΩΣ ΔΗΜΗΤΡΙΟΥ"（国王德米特里）。

图 2 - 22　巴克特里亚王国德米特里 2 单位铜币

（约公元前 200 年至公元前 185 年）

铜币上的图案则更加丰富多彩，并且具有本地化的特点。希腊人很少将当地宗教的神祇放在金币和银币上，只有在米南

①　曾晨宇. 古希腊钱币史 [M]. 北京：文物出版社，2019：36.

②　Percy Gardner. *The Coins of the Greek and Scythic Kings of Bactria and India in the British Museum* [M]. ed. by Reginald Stuart Poole. London：Gilbert and Rivington, ltd., 1886, lvii.

德一世的铜币上出现了佛教的法轮。除此之外，象征犍陀罗的瘤牛和象征呾叉始罗的大象（见图2-23），也出现在了钱币上。这种纹饰很有可能是表示所征服的土地。[①] 印度—希腊时期的希腊人对印度宗教思想持有一种类似于亚历山大遇见裸形外道时的兴趣和惊讶，这一点被部分历史人物或真诚或有目的的宗教实践证实。例如，被佛教称颂的米南德王；印度—希腊国王安提奥西达斯派往巽伽宫廷的大使黑里欧多拉斯，在毗底沙为纪念婆薮提婆的石柱上，自名为薄伽梵，即毗湿奴的信徒，等等。[②]

钱币上背面的纹饰还可以帮助我们识别彼时希腊人诸王的世系，同时，对于我们认识当时的历史也有所帮助。在巴克特里亚和印度地区，希腊人的政权大概存在四个世系。最早在巴克特里亚开启独立道路的狄奥多塔斯一世，其背面纹饰为宙斯。狄奥多塔斯二世采用的也是宙斯。发动政变篡位的欧提德谟斯一世，钱币背面纹饰采用的是赫拉克勒斯。欧提德谟斯的儿子德米特里仍然采用赫拉克勒斯，而欧提德谟斯的另一个儿子安提马克斯则采用波塞冬作为钱币纹饰。安提马克斯的儿子德米特里二世采用了雅典娜图案作为钱币纹饰，并被他的继承人米南德一世继承。但此时，欧克拉提斯夺取了巴克特里亚的领土，并采用战马纹饰发行钱币。欧克拉提斯之子赫利奥克勒斯一世采用了宙斯图案作为钱币纹饰。赫利奥克勒斯应该是最后一位在巴克特里亚掌权的希腊人，因为他在位时，吐火罗部和月氏人先后到来。赫利奥克勒斯的后任退到印度，并与当地的塞种人持续争夺领土。因此，钱币上的纹饰也逐渐变成了宙斯与大象。

---

① ［英］约翰·马歇尔．塔克西拉［M］．秦立彦，译．昆明：云南人民出版社，2002：43.

② ［意］朱莉阿诺．西北印度地区希腊至前贵霜时代的钱币［G］//［意］卡列宁等．犍陀罗艺术谈源．上海：上海古籍出版社，2016：71.

注：钱币正面为安提亚吉塔斯持矛胸像，四周为希腊语币文"ΒΑΣΙΛΕΩΣ ΝΙΚΗΦΟΡΟΥ ΑΝΤΙΑΛΚΙΔΟΥ"（胜利的国王安提亚吉塔斯）。背面为宙斯与大象，大象头上为一个很小的胜利女神，钱币四周为佉卢文币文（胜利的国王安提亚吉塔斯）。按印度标准，重9.79克。

图 2 - 23　印度—希腊王国安提亚吉塔斯四德拉克马银币
（约公元前 115 年至公元前 95 年）

直到阿蒙塔斯钱币上出现了戴着弗里吉亚式帽的宙斯—密特拉，从外观上看，已经非常像钱币上的塞种人了（见图 2 - 24）。

注：钱币正面为戴着弗里吉亚式帽的宙斯，三面有希腊语币文"ΒΑΣΙΛΕΩΣ ΝΙΚΗΦΟΡΟΥ AMUNTOU"（胜利的国王阿蒙塔斯）。背面为站立的雅典娜，三面有佉卢文币文（胜利的国王阿蒙塔斯）。重8.36克。

图 2 - 24　印度—希腊王国阿蒙塔斯二查柯铜币
（约公元前 95 年至公元前 90 年）

钱币上的币文，除了常规的"ΒΑΣΙΛΕΩΣ"（国王）之外，还包括"ΝΙΚΗΦΟΡΟΥ"（胜利的）、"ΔΙΚΑΙΟΥ"（公正的）、"ΑΝΙΚΗΤΟΥ"（不可战胜的）、"ΝΙΚΑΤΟΡΟΣ"（征服

者）、"EΥEΡΓEΤΟΥ"（施恩者）、"EΠIΦΑΝΟΥΣ"（显贵者）、"ΥIΟΥ"（……之子）、"ΣΩΤΗΡΟΣ"（救世主）、"ΑΥΤΟΚΑΓΟΡΟΣ"（独立统治者）、"ΘΕΟΤΡΘΠΟΥ"（神爱的）、"ΘΕΟΥ"（神的）、"ΜΕΓΑΛΟΥ"（伟大的）、"ΦIΛΟΠΑΤΩΡ"（爱父亲的）。① 这些币文，除了展示统治者的功绩或是政治理想，某种程度上还能够为王位世系提供一定的信息。例如，"ΑΝIΚΗΤΟΥ"（不可战胜的）这个称号，鲁西亚斯在自己的钱币上使用过，而在此前，德米特里也曾经使用过。除此之外，菲洛赛努奥斯和阿特米多罗斯也都曾经使用过，这是否能够说明他们之间有什么关系？这是一个令人进退维谷的问题。②

第三节　游牧民族货币与波斯
（安息王朝）的货币

一、西迁塞种人的货币

在斯特拉博《地理学》一书中记载，从希腊人手中夺去了巴克特里亚的是 Asii、Pasiani、Tochari 和 Sacarauli 四个部落。③ 这段历史大约发生在公元前 140 年。如前所述，Pasiani（Πασιανι）可视为 Gasiani（Γασιανι）之讹。④ 如此一来，塞种四部应为 Asii、Gasiani、Tochari 和 Sacarauli。反映在中国的

① 李铁生. 古中亚币［M］. 北京：北京出版社，2008：40 – 41.

② ［英］约翰·马歇尔. 塔克西拉［M］. 秦立彦，译. 昆明：云南人民出版社，2002：45.

③ ［古希腊］斯特拉博. 地理学［M］. 李铁匠，译. 上海：上海三联书店，2014：760—761. 斯特拉博大约生活在公元前 64 年至公元 23 年。《地理学》记载了他生前所知道的历史和地理学知识。故而，《地理学》的记载，应止于公元前后。

④ J. Marquart. Ēānšahr, Berlin, 1901：206. 转引自余太山. 贵霜史研究［M］. 北京：商务印书馆，2015：9.

《史记》等典籍中，就成了西域诸国。这些国家，有的采取农耕方式，成为"土著"；有的依然游牧，为"行国"。大宛为 Tochari 部建立的农耕国家。乌孙为 Asii 部建立的游牧国家。康居为 Gasiani 部建立的游牧国家。奄蔡为 Asii 部建立的游牧国家。这些国家，有的处在哈萨克斯坦草原地区，有的已经到达中亚的河中地区，有的南下消灭了希腊人的巴克特里亚王国，还有越过兴都库什山，建立了塞种人王国。

　　在这一段时间，民族迁徙频繁，政权更迭不断。人们所发现的钱币也出现了相当混乱的局面。这一时段的货币，总体来说，希腊人的钱币逐渐减少，并且发行地逐渐从巴克特里亚变为兴都库什山以南地区。兴都库什山以北地区，尽管希腊式钱币继续存在，但显然已经不是希腊人发行的了——无论是从钱币上国王的头像与称号，还是从钱币粗劣的制作上都可以看出明显的差别。关于那时的货币，并无完整的资料可循，学界对此也说法不一。有许多钱币，应归入大月氏"臣畜"大夏之后，而非塞种人西迁时所留。这里仅举一例索格底亚那发现的塞种人钱币（见图 2 - 25）。①

注：钱币正面为右向的长发半身像，戴王冠。背面为坐着的赫拉克勒斯，四周为阿拉米语币文（伟大的索格底亚那统治者）。

图 2 - 25　塞种人在索格底亚那发行的钱币

---

①　寅龙. 贵霜王朝及其后继国硬币 [M]. 自版：91.

二、大月氏的货币

公元前130年张骞到达大夏国之前，大月氏就已经"臣畜"了在此前攻灭希腊—巴克特里亚王国的大厦。故而，严格来说，能够归入大月氏的钱币，应该是在这个时间之后，且在贵霜王朝的丘就却兴起之前。

大月氏的钱币，应该可以分为前期和后期。从钱币学的角度观察，前期，希腊语在当地仍然被使用。而且钱币上的神祇仍然是希腊的赫拉克勒斯（见图2-26）。

注：钱币正面为戴头盔的王像，背面纹饰为赫拉克勒斯，两边为希腊语币文"ΠΑΒΗC"（帕泊斯）。重0.46克。

图2-26　大月氏王帕泊斯奥波银币（约公元前20年）

后期的大月氏王的钱币正面仍然使用希腊语币文，但是钱币背面的纹饰，第一次出现了非希腊系的神祇——娜娜（见图2-27）。

大月氏钱币基本上是模仿希腊—巴克特里亚的银币，这些钱币的重量也和希腊—巴克特里亚的一样有奥波、四德拉克马和½德拉克马。奥波重0.7～1克，四德拉克马大约重16克，而½德拉克马大约重2克。所有钱币都采用希腊人的阿提卡标准。[①]

---

① 杜维善. 贵霜帝国之钱币［M］. 上海：上海古籍出版社，2012：47.

注：钱币正面为戴头盔的王像，四周为希腊语币文"CAΠAΛBIZHC"（萨巴尔）。背面为向右的站着的狮子及月牙和山的纹饰，四周为希腊语币文"NANAIA"（娜娜）。重1.84克。

图2-27　大月氏王萨巴尔½德拉克马银币（约公元前20年）

三、印度—塞种国家的货币

在公元前140年前后大月氏西迁并南下兴都库什山之前，就有塞种人到达了印度。到达这里的塞种人，和希腊人进行了长时间的拉锯式的领土争夺。塞种人先后在兴都库什山以南的呾叉始罗和犍陀罗建立政权，史称"印度—塞种国家"，即中国史籍中的罽宾。从钱币序列的角度观察，目前一般认为，毛厄斯是第一位印度—塞种国家的王（见图2-28）。

注：钱币正面为宙斯左向立像，手持节杖，四周为希腊语币文："BAΣIΛEΩΣ BAΣIΛEΩN MEΓAΛOY/MAYOY"（伟大的众王之王，毛厄斯）。背面为胜利女神右向立像，手持花环与月桂，四周为佉卢文币文（伟大的众王之王，毛厄斯）。按印度标准，重9.22克。

图2-28　罽宾国毛厄斯四德拉克马银币

毛厄斯征服了印度的许多疆域。他的钱币上的纹饰，已经具有了地方特点，可以代表王国内的不同区域图。持闪电的宙斯和赫拉克勒斯代表阿拉霍西亚，坐在宝座上的宙斯代表帕罗帕米萨，印度瘤牛代表犍陀罗，大象和狮子代表塔克西拉，雅典娜代表西旁遮普。①

毛厄斯之后，希腊王子阴末赴［一说为赫马厄斯（Hermaeus）的对译，一说为阿波罗多斯二世（Apollodotua Ⅱ）的对译］联手汉人从塞种人手中夺回罽宾领土。但不久之后，塞种人阿泽斯（Azes）又从希腊人手中夺取了罽宾。

阿泽斯本是乌弋山离国的国王。乌弋山离国，是塞种人从安息人手中夺取领土并建立的政权。公元前 58 年至公元前 18 年，乌弋山离在沃诺内斯（Vonones）（见图 2 - 29）的统治之下，以锡斯坦为中心，并逐渐向东发展，疆域包括阿拉霍西亚（今坎大哈）和喀布尔河谷。②《汉书·西域记》载：

乌弋山离国，王去长安万二千二百里。不属都护。户口胜兵，大国也。东北至都护治所六十日行，东与罽宾、北与扑挑、西与犁靬、条支接。

《汉书·西域记》中还特别提到，乌弋山离"其钱独文为人头，幕为骑马。"意思是正面为头像，背面为骑马的纹饰。中国史书所描述的基本符合，只是正反面内容正好相反。

后来，乌弋山离国王阿泽斯继续向东扩张，从希腊人手中夺取了塞种人故土罽宾。为了纪念此事，他创立了自己的"阿泽斯纪元"。③ 中国古代文献中对罽宾的记载比较翔实。《汉书·西域传》载：

---

① ［英］约翰·马歇尔.塔克西拉［M］.秦立彦，译.昆明：云南人民出版社，2002：1118.

② 蓝琪.中亚史（第一卷）［M］.北京：商务印书馆，2018：246.

③ 蓝琪.中亚史（第一卷）［M］.北京：商务印书馆，2018：239.

注：钱币正面为国王策马持矛像，四周为希腊语币文"ΒΑΣΙΛΕΩΣ ΒΑΣΙΛΕΩΝ ΜΕΓΑΛΟΥ/ΟΝΩΝΟΥ"（伟大的众王之王，沃诺内斯）。背面为宙斯手持闪电和权杖的立像，四周为佉卢文币文（伟大国王的兄弟，公正者，斯帕拉雷希斯）。按印度标准，重9.75克。

图2-29　乌弋山离国沃诺内斯四德拉克马银币

罽宾地平，温和，有目宿、杂草、奇木、檀、槐、梓、竹、漆。种五谷、蒲陶诸果，粪治园田。地下湿，生稻，冬食生菜。其民巧，雕文刻镂，治宫室，织罽，刺文绣，好酒食。有金、银、铜、锡，以为器。市列。以金银为钱，文为骑马，幕为人面。出封牛、水牛、象、大狗、沐猴、孔爵、珠玑、珊瑚、虎魄、璧流离。它畜与诸国同。

其中，"以金银为钱，文为骑马，幕为人面"，非常形象地说明了当时的钱币样式（见图2-30）。

注：钱币正面为国王策马持矛像，四周为希腊语币文"ΒΑΣΙΛΕΩΣ ΒΑΣΙΛΕΩΝ ΜΕΓΑΛΟΥ/ΑΖΟΥ"（大王，众王之王，阿泽斯）。背面为宙斯手持闪电和权杖立像，四周为佉卢文币文（大王，众王之王，伟大的阿泽斯）。按印度标准，重7.91克。

图2-30　罽宾国阿泽斯一世四德拉克马银币

在阿泽斯之后，罽宾国又经历了阿季利塞斯（Azilises）、阿泽斯二世（Azes Ⅱ）等。罽宾国在阿泽斯二世时期国势衰微，公元1世纪初期逐渐被大月氏攻灭。

四、安息的货币

公元前330年亚历山大大帝攻灭波斯帝国阿契美尼德王朝（波斯第一帝国），并继承了波斯帝国的疆域。亚历山大大帝去世后，帝国分裂，其中，塞琉古王国占据了波斯地区。公元前247年前后，中亚伊朗语族的帕尼部落酋长阿萨息斯一世占领帕提亚地区，建立了帕提亚帝国，史称"波斯第二帝国"。在中国古代文献中，从其王室名称，称"安息"。安息经过历代军事征服，领土疆域曾一度到达印度，并有若干将领独立为"印度—安息王国"。《汉书·西域记》载：

安息国，王治番兜城，去长安万一千六百里。不属都护。北与康居、东与乌弋山离、西与条支接。土地风气，物类所有，民俗与乌弋、罽宾同。亦以银为钱，文独为王面，幕为夫人面。王死辄更铸钱。有大马爵。其属小大数百城，地方数千里，最大国也。临妫水，商贾车船行旁国。书草，旁行为书记。

《汉书》中对安息的钱币有颇为详细的记载，即"亦以银为钱，文独为王面，幕为夫人面。王死辄更铸钱"。重4克的德拉克马银币是安息最重要的货币，它主要流通于伊朗高原地区。同时，安息发行的金币仅作为纪念章使用，并不用于流通。[①] 由此可见，我国史书对安息的记载是相当准确的。令钱币学家不解的是，所有国王的官方称谓均为"ΑΡΣΑΚΟΥ"（阿萨息斯）。[②] 也许这正是中国古

---

①　David Sellwood. *An Introduction to the Coinage of Parthia* [M]. 2nd edition. London：Spink and Son ltd., 1980：6.

②　David Sellwood. *An Introduction to the Coinage of Parthia* [M]. 2nd edition. London：Spink and Son ltd., 1980：4.

人称帕提亚为"安息"的原因。

安息王朝钱币的正面，通常为君主肖像。这也是东方君主国家的传统。国王的肖像通常戴着王冠或者其他装饰。正面底板上，会出现希腊语的造币厂名称、君主的花押字、符号（如新月）以及其他图像（如飞翔的胜利女神），还有用帕提亚语书写的君主名字的缩写。在安息钱币的背面，最典型的纹饰是草原民族持弓者的坐像，这种纹饰不仅被用于所有的德拉克马银币，还出现在部分四德拉克马银币和铜币上（见图2－31）。①看来这种持弓者很有可能被中国古人误认为是正在纺线的夫人。

注：钱币正面为米特里达梯二世左向半身像，四周为圆点装饰。背面为持弓者的坐像，四周为希腊语币文"ΒΑΣΙΛΕΩΣ ΜΕΓΑΝΟΥ ΑΡΣΑΚΟΥ ΕΠΙΦΑΝΟΣ"（大王，安息的尊贵者）

图2－31　安息王朝米特里达梯二世四德拉克马银币
（约公元前123年至公元前88年）

安息王朝的米特里达梯二世是一位著名的君主。他首次在安息的钱币上用希腊语币文称自己为"众王之王"（ΒΑΣΙΛΕΩΣ ΒΑΣΙΛΕΩΝ）。这一称谓起源于古代两河流域的巴比伦帝国，并一直被该地区古代国家的君主所使用。波斯的大流士在贝希斯铭文中也称自己为"众王之王"。希腊—巴克特

---

① David Sellwood. *An Introduction to the Coinage of Parthia* ［M］. 2nd edition. London：Spink and Son ltd. , 1980：10－11.

里亚王国中，攸克拉提斯曾在自己的钱币上自称"众王之王"。有学者认为，安息王国的君主称自己为"众王之王"是一种波斯化的反映；而希腊化国家仅有攸克拉提斯使用，则反映了一种去波斯化的影响。①

公元前88年，安息东部苏伦（Suren）家族在东部崛起，驱赶了为患王国东部的月氏人和印度—塞种人。公元20年，苏伦家族的贡多法勒斯（Gondophares）宣布脱离安息独立，建立了印度—安息王国，其疆域一度包括阿拉霍西亚、塔克西拉、西萨特拉普、塞卡斯坦等地。

注：钱币正面为国王策马像，马右侧的图案为印度—安息王国的族徽。背面为胜利女神。

图2-32　印度—安息王国钱币

从上面的币图可以清晰地看出，印度—安息王国的贡多法勒斯的钱币，已经远远偏离了安息钱币的模式，更像是印度—塞种人国家的钱币（见图2-32）。

第四节　贵霜王朝兴起时的货币状况

一、希腊式货币蜕变为塞种人货币

在前三节中，首先按照时间顺序，考察了从亚历山大大帝

---

① 李潇. 帕提亚"众王之王"钱币的起源、发展及影响 [J]. 西域研究，2019（3）.

征服一直到希腊化王国时期，贵霜王朝疆域范围内货币的简要发展历程，其次又考察了在公元前 1 世纪到公元 1 世纪初期贵霜王朝建立之前，贵霜疆域内各式各样的货币。综合起来可以说，希腊式的钱币，尤其是钱币形制，在彼时彼处起到了决定性的作用；而印度的货币标准则在另一面发挥了重要的作用。西迁与南下的塞种人，将这些各式各样的货币综合在了一起。

首先，希腊式钱币的基本货币单位四德拉克马、德拉克马在这里得到了继承。在后续的贵霜王朝中，四德拉克马、德拉克马依旧是银币的基本单位。其次是希腊式钱币，在中亚地区渐渐发展演化为不同于城邦钱币的希腊化国家钱币，这一形制特征在这里得到了继承与发展。具体来说，城邦货币上的神，变成了希腊化国家货币上的人，或神人并存，神是人的保护者，神是由于人的存在而存在的。此外，它们的政治寓意和文化内涵也发生了重大变化，它不再是城邦的象征，而是国王权力地位的体现以及使用此钱币的民族认同的象征。[①]

在希腊人和塞种人到来之前，印度本土也有自己的货币经济。例如，印度本土的孔雀王朝，使用的是一种叫做卡夏帕那的银币，属于一种戳印币。在希腊人统治印度时期，为了符合当地人的习惯，不仅在钱币纹饰上做了改良，而且将四德拉克马银币减重，形成了印度标准的四德拉克马。这种标准一直持续到后来的贵霜王朝（尽管贵霜王朝也发行过阿提卡标准的四德拉克马银币）。

南下和西迁的塞种人，继承了后期希腊式钱币，并形成了自己独特的风格。希腊式钱币在中亚的发展，除了在重量上将阿提卡标准减重为印度标准之外，还开创了双语货币的模式。

---

① 杨巨平. 丝绸之路上的"希腊式钱币"［C］//丝绸之路古国钱币暨丝路文化国际学术研讨会论文集. 上海：上海书画出版社，2011：299.

这一点被后来的塞种人货币完全继承。这里所说的塞种人是广义的塞种人，他们是欧亚草原上的游牧民族。在很早以前，他们就已经发展到索格底亚那、巴克特里亚和印度，此后在中西文献的记载中，与亚历山大结盟的塞种人、侵占巴克特里亚的塞种四部、西迁南下的月氏人、建立印度—安息王朝的塞种人、建立印度—塞种王国的塞种人，以及我国古籍中记载的乌弋山离、罽宾等，都是塞种人国家。前面我们已经综合考察过这些国家的代表性钱币，这些钱币基本上都具有晚期希腊式钱币的风格。我们可以这样认为，同为塞种人的贵霜人，直接继承了塞种人所继承的晚期希腊式货币作为其源头。

二、塔克西拉的出土货币

塔克西拉，中国古称"呾叉始罗"，是印度次大陆西北部古城，其遗址在今巴基斯坦拉瓦尔品第东南约35公里处。在公元5世纪遭匈奴人洗劫之前，这里一直保持着繁荣的景象，尤其是这里汇集了诸多重要的商道，货币经济较为发达。19世纪末20世纪初，英国考古学家马歇尔爵士率领的考古队在这里进行了长达20年的考古工作，并形成了非常完备的考古报告，为我们解开历史的谜团提供了重要的依据。

考古挖掘按照不同的地层来判断文化的年代，越在底层年代就越久远。在塔克西拉城的皮尔丘遗址，第四层是约公元前5世纪，此时是塔克西拉的独立时期。第三层是约公元前4世纪，此时是亚历山大东征时期。第二层是公元前3世纪，是孔雀王朝统治时期。第一层是孔雀王朝瓦解至希腊人到来之前的时期。皮尔丘是塔克西拉城较为古老的城市遗址。在希腊人到达之后，将塔克西拉城从皮尔丘迁到了斯尔卡普，时间在公元前2世纪初期。斯尔卡普的塔克西拉城在希腊人、塞种人和安息人、贵霜人的统治下，沿袭了 300 多年。[①] 在这里，第七层是希腊人之前的时期；第五、第六层是希腊人时期；第四层是塞种人统治早期；第二、第三层是塞种人统治晚期和安息时期；第一层是贵霜时期。由于历史上所经历的大地震等自然因素，导致这里的文化分层并不清晰。第五、第六层是公元前 190 年至公元前 90 年，第二、第三、第四层是公元前 90 年至公元 25 年。但第二层的建筑许多毁于约公元 30 年的一次地震。第一层是在公元 60 年前后。[②]

　　通过考古发掘发现，这个地方最早的钱币，也就是塔克西拉独立时期的钱币，在上面的文化层都能够被发现。也就是说，古老的货币在未来的日子里仍然存在，尤其是在孔雀王朝统治时期文化层，和塞种人统治时期文化层，有一种正面为拱形支提和新月、背面为公牛图案的钱币，在皮尔丘和斯尔卡普都被发现，总数为 92 枚。[③]

　　在塔克西拉发现的希腊人的钱币，总共为 519 枚。其中绝大多数来自希腊人迁址后的斯尔卡普。其中最早的包括 2 枚亚历山大的银币。这些钱币中，铜币占了大多数，银币似乎只有 6 枚，而其中 5 枚是米南德的。这些钱币大多在塞种人统治时期的文化层中被发现。所发现的 519 枚钱币中，以赫马厄斯名义打制的钱币最多，占了一半以上，但是只有 28 枚是他本人发行的。这些他本人发行的钱币背面是坐在宝座上的宙斯像的纹饰。剩下的 263 枚赫马厄斯的钱币，背面纹饰都是胜利女神，这些

　　① ［英］约翰·马歇尔. 塔克西拉［M］. 秦立彦，译. 昆明：云南人民出版社，2002：164.

　　② ［英］约翰·马歇尔. 塔克西拉［M］. 秦立彦，译. 昆明：云南人民出版社，2002：171.

　　③ ［英］约翰·马歇尔. 塔克西拉［M］. 秦立彦，译. 昆明：云南人民出版社，2002：1104.

钱币都是其他人以他的名义发行的。[1]

塔克西拉城的斯尔卡普遗址发现的贵霜王朝之前的塞种人和安息—塞种人钱币，共 3983 枚。在这些出土的钱币中，绝大部分为铜币。阿泽斯一世的钱币有 1291 枚，阿泽斯二世的钱币有 1388 枚。[2]

塔克西拉城的斯尔卡普遗址发现的贵霜钱币，总共 2707 枚，其中绝大多数是丘就却的钱币，共 2106 枚，这些钱币中 2103 枚都是铜币。2106 枚钱币中，127 枚钱币的正面是希腊文的赫马厄斯的名字，1979 枚正面是丘就却的名字。一般认为，丘就却的全名是丘就却·卡德菲斯，在 2106 枚钱币之外，还有 412 枚只写了卡德菲斯的名字。这样的话，丘就却的钱币就有 2522 枚（包括另外的 4 枚银币）。除了在这里之外，其他遗址的丘就却钱币，主要来自晚期的佛寺。看来，丘就却去世几百年后，他的钱币仍在被使用。[3]

三、黄金之丘的墓葬发现

1978 年，苏联考古学家在阿富汗北部希巴尔甘城附近发现了六座公元前 1 世纪至公元 1 世纪的贵族墓葬。因其出土了多达两万多件的黄金物品，这里又被称为"黄金之丘"遗址。黄金之丘位于古代巴克特里亚地区。从时间上讲，应当是在月氏征服大夏国之后，贵霜兴起之前。考古学家林梅村教授认为这

---

① ［英］约翰·马歇尔. 塔克西拉［M］. 秦立彦，译. 昆明：云南人民出版社，2002：1106 – 1107.

② ［英］约翰·马歇尔. 塔克西拉［M］. 秦立彦，译. 昆明：云南人民出版社，2002：1116 – 1136.

③ ［英］约翰·马歇尔. 塔克西拉［M］. 秦立彦，译. 昆明：云南人民出版社，2002：1137.

就是大月氏王的墓葬。① 如果将此处墓地认定为月氏人的高级墓
葬区的话，就可以探究一番月氏的货币使用状况。

黄金之丘出土的钱币数量很少，但是却展现出十分丰富的
一面：包括 2 枚安息钱币，1 枚帕提亚金币，1 枚罗马帝国金币
和 1 枚印度金币。这些钱币的具体情况如下：

墓葬 M3：1 枚安息银币（见图 2 - 33），归属于米特里达梯
二世（公元前 124 年至公元前 87 年）。此枚银币磨损严重，流
通痕迹明显。1 枚罗马帝国金币，归属于提比略，是公元 16 年
至公元 21 年在高卢的卢格都诺姆造币厂生产的。此枚金币成色
较新，币文和纹饰完整。

图 2 - 33　阿富汗蒂拉丘地三号墓出土安息米特里达梯二世银币

墓葬 M4：1 枚印度钱币，正面为狮子和三宝徽记，狮子上有
佉卢文币文（如狮子般果敢）；背面为一人在推动法轮，以及佉
卢文币文（转法轮者）。此枚钱币成色较新，币文和纹饰完整。

墓葬 M6：1 枚安息金币（见图 2 - 34），归属于米特里达梯
二世。此枚钱币正面右方有一戳记，戳记图案为游牧式束头带
的正面肖像。此枚钱币磨损严重，流通痕迹明显。1 枚安息银
币，归属于弗拉特斯四世（公元前 38 年至公元前 32 年）。此枚
钱币正面下方有一戳记，戳记图案为希腊式头盔男子侧面肖像。
此枚钱币磨损严重，流通痕迹明显。

---

① 林梅村 . 贵霜帝国的万神殿 [C] // 丝绸之路古国钱币暨丝路文化国际学术
研讨会论文集 . 上海：上海书画出版社，2011：16.

图 2-34　阿富汗蒂拉丘地三号墓出土安息米特里达梯二世金币

　　黄金之丘墓葬出土的 5 枚钱币可以分为两组，一组为流通痕迹明显的，包括 2 枚安息银币和 1 枚安息金币。一组为磨损轻微、无戳记的。[①]

　　尽管钱币数量发现的很少，但是结合中国史籍所载，仍然可以发现一些端倪。《汉书·西域传》载：

　　大月氏国……土地风气，物类所有，民俗钱货，与安息同。

　　这其中所述的"与安息同"，我们看出，月氏人除了借鉴安息钱币的模式之外，还有可能大量使用。从黄金之丘出土的 3 枚安息钱币，都有明显的流通痕迹，而且是连同戳印都出现了相同程度的磨损，故而可以认为，是在打制戳印之后流通的。再加上戳印中带有明显的游牧民族特征的肖像，也使其区别于希腊人的钱币。故而可以认为，月氏人在使用自己发行的钱币之前，首先使用戳印钱币流通。

　　除此之外，月氏人处在欧亚通衢之处，与罗马和印度都存在贸易往来。《史记·大宛列传》载：

　　骞曰："臣在大夏时，见邛竹杖、蜀布。问曰：'安得此？'大夏国人曰：'吾贾人往市之身毒。身毒在大夏东南可数千里。其俗土著，大与大夏同，而卑湿暑热云。其人民乘象以战。其

　　① 参见袁炜. 黄金之丘（Tillay Tepe）出土钱币研究——兼论大月氏钱币史[J]. 中国钱币，2018（6）.

国临大水焉.' 以骞度之,大夏去汉万二千里,居汉西南。今身毒国又居大夏东南数千里,有蜀物,此其去蜀不远矣……"

在张骞于公元前 129 年前后到达大夏国时,就看到了四川的邛竹杖、蜀布经过印度被卖到了巴克特里亚。这说明,当时巴克特里亚和印度之间就已经有了广泛的贸易往来。除此之外,月氏在地理上的枢纽地位,决定了它在贸易上起着十分突出的中介转输作用。在与欧亚各国进行通商贸易的过程中,大月氏成为中国的丝绸、漆器、铁器,印度的珠宝、香料,埃及和西亚的玻璃制品,罗马的麻织品等贸易物资的中转站。[①] 所以在黄金之丘发现印度钱币和罗马帝国钱币也就不足为奇了。

四、欧亚通衢的游牧民族

作为贵霜王朝的先驱——月氏人,在先秦乃至西汉时期,并没有被发现他们使用的货币。从世界范围看,人类最早的贸易使用以物易物的方法进行。此后出现一般等价物,作为特定的商品交换媒介。在此之后,具有特定品性的一般等价物以称量的方式成为货币,包括粮食、金银等。称量货币是货币的初级形态,没有一定的货币形制,交易使用时需要称量,依靠其本身价值成为价值尺度和流通手段。[②]

在称量货币之后,就出现了非称量货币。非称量货币,在西方世界,是将特定重量的贵金属等分,每一个钱币由于重量相等、成色相等,价值也就相等。希腊式钱币就是这样。而在中国,自秦始皇统一中国发行半两铜钱之后,就基本上没有采用金银作为货币。每一个铜钱所代表的价值,是国家法定的,以政府为信用。实际上,中国古代的铜钱,是现代纸币的直接起源。

---

① 施俊杰. 浅析大月氏在东西方文化交流中所起的作用 [J]. 文教资料, 2017 (31).

② 石俊志. 货币的起源 [M]. 北京:法律出版社,2020:35.

　　秦汉之际，中国疆域主要在蒙古草原以南，河西走廊之东，由于天然的地理隔绝，与外界贸易不多。在这种情况下，中国的法定货币，即铜钱，在一个帝国内流通是没有问题的。但是这种铜钱一旦跨出国界，就面临着如何兑换的问题。月氏人居敦煌、祁连间之际，四周是匈奴人与汉朝人，很可能采用以物易物的方式交易，或是采用汉朝货币与汉朝人交易。但是，当月氏人走出游牧地区，定居在大夏之后，发现了大夏人"善贾市"，于是也就开始采用大夏人的方式进行贸易并发行货币。实际上，吐火罗部的大夏人，也很有可能是从希腊人那里学会的使用货币。前面说过，月氏人最初采用安息的货币，并打上自己的戳印。月氏人使用并发行货币，也是有一个过程的。

　　这里尤其值得一提的是，当初西迁的月氏人被称为"大月氏"，而留在汉朝的被称为"小月氏"。1982年甘肃省平凉市崇信县黄寨乡何湾村出土了"月氏"铭货泉铜母范（见图2-35），时间大约在新莽时期。[1] 由此可见，留在当地的月氏人，也开始制造钱币，这很有可能是因为他们作为贸易中转站，与内陆中原地区的人民和西域人民贸易的需求使然。当然也并不排除他们与大月氏人在更广泛的商路上有贸易合作的可能。

图2-35　"月氏"铭货泉铜母范

---

① 杨涛，黄永会，孟志平，陶荣."月氏"铭货泉铜母范 [J]. 中国钱币，2016（4）.

在当时，横贯亚洲的主要商道越过中亚，将地中海各地与印度及远东联系起来。其中，最方便的通道发自印度，经过塔克西拉、白沙瓦，再沿着喀布尔河流域进入巴克特里亚。在此，商人们改用船舶，沿着阿姆河顺流向西，过里海之后，经过高加索地区抵达黑海。[①] 在丝路贸易逐渐繁荣之时，游牧民族逐渐成为国际贸易的主角。

---

① ［匈］哈尔马塔. 中亚文明史（第二卷）［M］. 北京：中译出版社，2017：267.

第三章 贵霜王朝
货币体系的建立与完善

第一节 丘就却时期的货币

一、贵霜翕侯

在所发现的大月氏后期的钱币中，有一种名为"赫拉欧斯"的钱币最值得关注。一说认为赫拉欧斯为贵霜开国君主丘就却的父亲。赫拉欧斯的四德拉克马银币，重 15.61 克，该钱币上的币文尤其值得研究——TYPANNOYOTOΣ HΛOY—ΣΛNΛB—KOPPANOY。其中，"TYPANNOYOTOΣ"一般被认为是"最高统治者"的意思。多数人也认为，"ΣΛNΛB"的意思是"塞种人"。"KOPPANOY"中的"P"逐渐发展为未来贵霜语中的"þ"，发 [sh] 的音。故而， "KOPPANOY"的意思应为"贵霜的"。"HΛOY"在不同钱币上还被写为"HPAOY""CCAOY"（存疑）。

对于这个币文，笔者认为，"HΛOY"应当是"翕侯"的对译，而不是"赫拉欧斯"。贵霜翕侯丘就却最初只是一个地区统治者。当他攻灭其余四部翕侯成为统一的贵霜王朝的君主之后，在王衔中仍然保留着这一称号，这在当时统一尚不甚巩固的情况下，对于抚慰被征服地区的人们显然是必要的。[①] 前文所述的

---

① 詹义康. 贵霜王衔研究 [J]. 江西社会科学，1994（9）.

这种钱币正面的王像，长发束带，更接近塞种人钱币上的头像（见图3-1）。它与大月氏钱币上的戴头盔肖像的钱币还是有明显区别的。钱币背面提喀女神为国王加冕的纹饰，也表明了征服者的政治意味。因而，这种钱币应当是在大月氏人统治后期，贵霜翕侯崛起时期发行的。

注：钱币正面为长发束带的王像。背面为国王策马向右，左上角有提喀女神为国王加冕，希腊语币文为"ΤΥΡΑΝΝΟΥΟΤΟΣ ΗΛΟΥ—ΣΛΝΛΒ—ΚΟΡΡΛΝΟΥ"（最高统治者，塞种人和贵霜的翕侯）。

图3-1　贵霜翕侯四德拉克马银币（公元1世纪上半叶）

二、以赫马厄斯名义发行的货币

赫马厄斯（Hermaios）是希腊人在犍陀罗地区的最后一位国王。一说赫马厄斯是《汉书》中记载的希腊王子阴末赴，他在汉使文忠的帮助下，推翻了当地的印度—安息王国政权，恢复了希腊人的统治。在出土的钱币中，发现了许多带有赫马厄斯与丘就却两个人名字的钱币（见图3-2）。

与背面写有"丘就却"的赫马厄斯钱币不同，赫马厄斯单独的钱币（见图3-3）的背面，采用的都是宙斯坐像纹饰，而非赫拉克勒斯。

从塔克西拉的斯尔卡普遗址发现的丘就却钱币中，有2106枚是正面为赫马厄斯、背面为赫拉克勒斯的钱币类型，其中127枚的正面用希腊文写着赫马厄斯的名字；1979枚的正面是丘就

注：钱币正面为赫马厄斯右向头像，四周为希腊语币文 "ΒΑΣΙΛΕΩΣ ΣΤΗΡΟΣΣΥ ΕΡΜΑΙΟΥ"（大王赫马厄斯，救世主）。背面为持木棒的赫拉克勒斯，四周为佉卢文币文（丘就却·卡德菲赛斯，贵霜翕侯，信法）。重7.29克。

图3-2　贵霜赫马厄斯—丘就却四德拉克马银币

注：钱币正面为赫马厄斯右向头像，四周为希腊语币文 "ΒΑΣΙΛΕΩΣ ΣΤΗΡΟΣΣΥ ΕΡΜΑΙΟΥ"（大王赫马厄斯，救世主）。背面为宙斯手持闪电左向侧坐像，四周为佉卢文币文（大王赫马厄斯，救世主）。按印度标准，重9.74克。

图3-3　印度—希腊王国赫马厄斯四德拉克马银币

却的名字。这些钱币大多被发现于印度—塞种人统治的晚期和印度—安息统治时期的文化层。从时间上看，要早于丘就却单独发行钱币的时期。①

　　还有一类钱币，尽管正面仍然为赫马厄斯像，但是背面币

---

　　① ［英］约翰·马歇尔. 塔克西拉 ［M］. 秦立彦，译. 昆明：云南人民出版社，2002：1116-1136.

文中丘就却的称号已经由"翕侯"（*Yavugasa*）变为"大王"
（*Maharajasa*）（见图3 – 4）。

注：钱币正面为赫马厄斯头像，四周为希腊语币文"ΒΑΣΙΛΕΩΣ ΣΤΗΡΟΣΣΥ
ΕΡΜΑΙΟΥ"（大王赫马厄斯，救世主）。背面为持木棒的赫拉克勒斯，四周为佉卢
文币文（丘就却·卡德菲赛斯，贵霜大王，翕侯）。重6.21克。

图3 – 4　贵霜赫马厄斯—丘就却减重的四德拉克马银币

　　为什么赫马厄斯和丘就却会出现在同一钱币上，历来有三
种解释。一是丘就却是赫马厄斯的直接继承人；二是丘就却和
赫马厄斯之间有某种结盟关系；三是这些钱币是丘就却在赫马
厄斯之后仿制的。从历史学的角度看，赫马厄斯的根据地在帕
拉帕米萨德斯，是中国史籍中所载的"高附"，而"取高附地"
是"侵安息"的结果，而非直接来自赫马厄斯。此外，据《后
汉书·西域传》记载，"侵安息、取高附地"是在丘就却称贵霜
王之后，因而，丘就却如果是先攻灭赫马厄斯，再仿制钱币的
话，就不应该再自称翕侯，而应称贵霜王。似乎赫马厄斯与丘
就却联合发行的观点较为妥当。① 按此说，在赫马厄斯时期，丘
就却就已经完成了从"翕侯"到"大王"的转变。但是这种设
想与赫马厄斯统治时间，即公元前90年至公元前70年并不吻
合。另外，很有可能赫马厄斯去世后，他的钱币样式被印度—

安息人在高附继承下来，但是银币的纯度迅速下降，最终成为铜币，币面纹饰工艺也大幅下降，变为粗犷的风格。这些铜币样式也同样被丘就却继承。①

三、丘就却的罗马式钱币

丘就却以自己的名义发行的钱币中，有许多是仿制罗马帝国的钱币（见图3－5）。对于这种钱币有认为仿制的是奥古斯都的钱币（见图3－6），也有认为仿制的是克劳狄乌斯的钱币（见图3－7）。

注：钱币正面为罗马式的头像，四周为希腊语币文"KOZOΛA KAΔAФEC XOPANOY ZAOOY"（贵霜翕侯，丘就却·卡德菲赛斯）。背面为向右坐着的罗马法风格的人像，并且在人像左边有一个特殊的标记［这个符号在印度—塞种国家的哈拉霍斯提斯（Kharahostes）的四德拉克马银币的正面出现过］，四周为佉卢文币文（贵霜翕侯，丘就却·卡德菲赛斯，坚信真法）。重3.26克。

图3－5　贵霜丘就却二查柯铜币

奥古斯都是罗马帝国的第一任皇帝，开创了帝国的元首制。他于公元前44年登上政治舞台，公元前28年被元老院授予"奥古斯都"的称号。在任长达40年。克劳狄乌斯也是罗马帝国初期的皇帝，公元41年至公元54年在位。我们可以将其与奥古斯都的钱币和克劳狄乌斯的钱币对比一下。

---

① Altekar, JNSI［J］. IX（1955），6ff.

注：钱币正面为奥古斯都戴公民冠的右向胸像，四周为拉丁语币文"CAESAR AVGVSTVS DIVI F PATER PATRIAE"（恺撒·奥古斯都，神之子，祖国之父）。背面为坐着的"和平"拟人女像，拉丁语币文"PONTIF MAXIM"（大祭司）。

图3-6　罗马帝国奥古斯都奥里斯金币

注：钱币正面为克劳狄乌斯戴公民冠的右向头像，四周为拉丁语币文"CLAVD CAESAR AVG GERM TR P"（克劳狄乌斯·恺撒·奥古斯都，日耳曼征服者，保民官）。背面为向左坐着的康斯坦提那，四周为拉丁语币文"CONSTANTIAE AVGVS-TI"（康斯坦提那·奥古斯塔）。

图3-7　罗马帝国克劳狄乌斯奥里斯金币

罗马风格的钱币，首先体现在正面的头像上。在上述两枚罗马钱币上，钱币上的头像都有一个长长的、粗壮的脖子，头部和脖子几乎笔直。相反，希腊风格头像，头部和脖子之间有一个明显的弧度，而且往往脖子没有那么长。人物肖像的刻画，罗马风格的明显要更加严肃，带有一种刻板的威严。而希腊风格的肖像，则有一种不怒自威式的威严。长长的脖子这种风格一直持续到尼禄时期，脖子下面隐约能看见胸膛，而整个公元1世纪的罗马帝国钱币上统治者的肖像，似乎都是光秃秃的，没有任何披风、战袍等衣服出现。其次，罗马风格的钱币，体现在钱币背面纹饰丰富性上。希腊式钱币，往往一位统治者只选择一个保护神，并将这个保护神镌刻在钱币背面。而罗马皇帝们则不然，他们会将帝国内的各种美德拟人化，并将其形象镌刻在钱币背面，如"和平""丰饶""公正"，等等。应当说，这种背面纹饰丰富性的特点，对此后贵霜王朝的钱币制作样式产生了重要影响。

此前曾经提到过，在阿富汗的黄金之丘墓地中出土过罗马帝国提比略的金币（见图 3 - 8）。从纹饰上看，这枚金币和丘就却的罗马风格钱币很像。提比略皇帝公元 14 年至公元 37 年在位，和丘就却征战的时间比较接近。丝路贸易的繁荣，使得罗马帝国的金币在这里出现，很有可能是丘就却在此期间见到了罗马帝国的金币，并将其纹饰予以采纳。

注：钱币正面为提比略戴公民冠的右向头像，四周为拉丁语币文"TI CAESAR DIVI AVG F AVGVSTVS"（提比略·恺撒·神圣奥古斯都之子·奥古斯都）。背面为坐着的"和平"拟人女像，四周为拉丁语币文"PONTIF MAXIM"（大祭司）。

图 3 - 8　罗马帝国提比略奥里斯金币

丘就却的罗马样式钱币背面的人像，是一个全身像（见图 3 - 9）。有学者认为这就是丘就却。① 从画面上看，丘就却穿

---

① John M. Rosenfield. *The Dynastic Arts of the Kushans*［M］. University of California Press, 1967：13.

着长裤子，戴着高高的尖帽，穿着靴子，手里拿着一把剑。这种将其刻画为王公形象的纹饰意在强调他的统治。

图3－9　丘就却罗马式钱币背面的纹饰

希腊式钱币上从未出现过这种纹饰，希腊人统治者通常在钱币上都是肖像或是半身像，面部特征和个体特征都会被清楚地刻画。而在罗马或贵霜的钱币上，当统治者身体的全部都被刻画的时候，他的个性也就消失了，也就是说他失去了个体化的特征，而变为符号化的形象。[①] 这一点在印度—塞种人和印度—安息人的钱币上都可以看到类似的演变过程。

四、丘就却时期货币的总体风格及历史脉络

丘就却一般被认为是贵霜王朝的第一位君主，从钱币学的角度看，丘就却经历了从翕侯到大王的转变。

总体来看，丘就却时期的货币，银币以四德拉克马为主，但是重量标准并不统一。在兴都库什山以北托名的"贵霜翕侯"（即"赫利欧斯"银币）四德拉克马银币，重量为15克左右。而以赫马厄斯名义发行的四德拉克马银币，材质上看应该属于

---

①　John M. Rosenfield. *The Dynastic Arts of the Kushans*［M］. University of California Press，1967：13.

铜币，采取减重的印度标准，大致为 7 克。而罗马风格肖像的二查柯铜币，也采用了减重的标准，不到 3 克。

在丘就却时期的钱币上，很难确认哪一个是他自己的肖像。托名的"贵霜翕侯"四德拉克马银币上的肖像，明显不同于以往的希腊国王。长长的直发代替了卷曲的短发，眉骨似乎也不像希腊国王那样突出。这些都显示了不同于希腊人的相貌特征。但"贵霜翕侯"四德拉克马银币上的肖像是否为丘就却，不无疑问。在接下来的货币中，无论是采用赫马厄斯肖像的，还是采取罗马风格肖像的，都很难说是丘就却本人的肖像。除了前面几种钱币之外，丘就却还发行过一种正面为盘腿坐着的国王像的钱币（见图 3 – 10）。这种钱币正面的纹饰在阿泽斯二世的钱币上出现过。

注：钱币正面为国王盘腿向前坐着，头顶上戴着尖帽，四周为佉卢文币文（贵霜丘就却·卡德菲赛斯）。背面为宙斯右向立像，四周为希腊语币文"ΚΟΖΟΛΑ ΧΟΡΑΝΟΥ ΖΑΟΟΥ"（丘就却·卡德菲赛斯翕侯）。重 1.61 克。

图 3 – 10　贵霜丘就却查柯铜币

还有一种颇具争议的铜币，重量大约为 9.96 克，有认为是铜质的四德拉克马，也有认为是五查柯。钱币正面的印度瘤牛和背面的双峰驼，表现出本地化的特征（见图 3 – 11）。这种纹饰的钱币还有 4.82 克三查柯与 4.62 克二查柯。在这枚钱币的正面，可以发现一个"圣牛的足迹"（*nandipada*）的标记，这个标记在印度—塞种国家的泽翁尼希斯（Zeionises）的钱币上也出现过。

注：钱币正面为印度瘤牛，以及印度—塞种国家钱币上的标记，四周是错误的希腊语币文。背面为双峰驼，四周是佉卢文铭文（中文意思有争议，一般认为是"大王，众王之王，贵霜丘就却·卡德菲赛斯·天子"）。

图 3-11　贵霜丘就却四德拉克马银币（五查柯银币?）

如前所述，作为贵霜王朝的第一任君主，丘就却戎马一生，攻灭四翕侯，并攻取其他塞种人国家，建立贵霜王朝。丘就却征服前，其他塞种人国家和所谓的月氏钱币，都可以表现出做工相对精良以及币制和纹饰基本有规律的态势。而丘就却时期却出现了一个断裂期，钱币样式五花八门。但是，从钱币上的币文和相应的标记上，我们也许能够看到背后的一些历史事件，以下是笔者的一些推断。

丘就却未必先攻灭四翕侯再去攻打其他国家，战争总是要结合当时的各种条件。但是他喜欢仿制别人的钱币，这也许是他占领了那里的造币厂。他还喜欢留下不同的标记，也许是为了纪念他的胜利。钱币的纹饰也许可以任意模仿，但是标记一定是有意义的。

丘就却作为大月氏统治下的一方翕侯，首先仿照希腊人或是塞种人开始发行钱币。起初，他只是发行"贵霜翕侯"钱币，尽管这种钱币背面的纹饰与阿泽斯一世和阿泽斯二世的钱币正面纹饰很相似（"贵霜翕侯"钱币将国王骑马和胜利女神手持花环结合在一起，变成了胜利女神给骑马的国王加冕），但是"贵霜翕侯"并没有采用印度标准，而是采取希腊的阿提卡标准。此时的丘就却钱币还非常粗糙，他的"贵霜翕侯"钱币尽管写实，但是做工却不尽如人意。

　　此后，贵霜翕侯开始攻灭其他四个翕侯，以及其他塞种人国家的征程。他是从喀布尔河上游的帕拉帕米萨德斯（一说阿拉霍西亚）开始的。在这里，他也许占领了早年设置在这里的赫马厄斯的某个造币厂，并开始改变钱币背面的纹饰和币文，称自己为"贵霜翕侯丘就却"。这是丘就却第一次发行有自己名字的钱币。此后，他是看到了在这里做贸易并获取巨额财富的，大月氏贵族或是其他塞种人手中的提比略的金币，就像葬于贝格拉姆黄金之丘墓地中的罗马帝国提比略的钱币一样，丘就却应该是非常喜欢，并以此为蓝本进行仿制。但是此时，他应该是已经越过了兴都库什山，消灭了那里的塞种人国王（一说北方总督）哈拉霍斯提斯，并将他的四德拉克马银币上的标记刻在罗马式钱币上。同时，他应该还消灭了罽宾国王阿泽斯二世的余部，并仿制阿泽斯二世的国王盘腿坐着的纹饰的钱币。

　　此后，丘就却的势力范围逐步扩大，攻灭其他四翕侯，自称"贵霜王"。当时，丘就却仍然在仿制赫马厄斯的钱币，但是币文已经改为"大王丘就却"。此后，丘就却应该是贯通了兴都库什山南北，将巴克特里亚、犍陀罗等地都已经收归囊中。为了对此纪念，他发行了（仍然是仿制的）正面为瘤牛、背面为双峰驼的铜币。瘤牛是犍陀罗的象征，而双峰驼则是巴克特里亚的象征。丘就却最后消灭的塞种人领袖是泽翁尼希斯，因此该领袖钱币上的"圣牛的印记"也被标记在了他的钱币上。一枚硬币的两面，记载了丘就却打天下的功绩，丘就却开始骄傲地宣称自己为"大王、众王之王丘就却"。

有学者认为，"翕侯"这一称谓，并非地方贵族或地方王侯的意思，而是与汉朝结盟的游牧国家领袖，汉朝授予此头衔，而且此头衔意为"同盟的贵族"。①丘就却很有可能不再认为自己是汉朝的同盟，于是在钱币上就不再使用"翕侯"，而是"众王之王"了。

第二节　维马·塔克托时期的货币

一、历史的谜团

《后汉书·西域传》载："丘就却年八十余死，子阎膏珍代为王。"按照中国史籍记载，阎膏珍为丘就却之子。1993年发现的腊跂阒柯铭文（Rabatak Inscription）上记载，迦腻色伽王的曾祖父为丘就却·卡德菲赛斯，祖父为维马·塔克托，父亲为维马·卡德菲赛斯。

丘就却·卡德菲赛斯（丘就却）这个名字的希腊语币文"KOZOΛA KAΔAΦEC"在出土的钱币上可以看到，维马·卡德菲赛斯（阎膏珍）这个名字的希腊语币文"OOHMO KAΔΦICHC"在钱币上也可以看到。而维马·塔克托的希腊语币文钱币并不曾出现，但是却发现了用佉卢文拼写的名字的钱币。

从以上碑铭和钱币币文来看，《后汉书》所载似有误，阎膏珍应为丘就却之孙"Vima Kadphises"，即维马·卡德菲赛斯。这是因为，"阎膏珍"［jiam－kə－tiən］只能是"Vima Kadphises"的对译，很难指为"Vima Tak［to］"的对译。②

初步认为，按照《后汉书》记载，丘就却去世时已逾80，

---

① ［英］克力勃．丘就却及其贵霜翕侯头衔［J］．袁炜，译．吐鲁番学研，2019（1）．

② 余太山．贵霜史研究［M］．北京：商务印书馆，2015：47.

很难想象他的儿子能够从公元 75 年一直在位到公元 140 年，因而，两人中间应该还有一个人才合理。在塔克西拉出土的银卷上，出现了记录着塞种人王阿泽斯纪年第 136 年的铭文："大王，至高无上的众王之王，神之子贵霜王。"阿泽斯纪年的元年是公元前 58 年，第 136 年应当是公元 78 年。① 当时在位的应当是贵霜的第二位君主维马·塔克托。

二、"众王之王，大救星"

在贵霜王朝的钱币中，有一类钱币被称为"无名王"钱币。这些钱币上，有希腊语币文"BACIΛEWC BACIΛEΩN CWTHP MEΓAC"（众王之王，大救星），但是没有关于王名的希腊语币文。对此，有的学者认为应归属于丘就却；② 也有认为应属于阎膏珍，即维马·卡德菲赛斯的；③ 还有认为归属于阎膏珍时期派驻印度的一位将军的，④ 更有认为属于一位僭越者的。⑤

但是，在有些"众王之王，大救星"的钱币上，会出现佉卢文的"ᘐ ᘁ"（vema，维马）的名字。这样就会使带有"维马"币文的钱币和"众王之王，大救星"的钱币联系在一起。同时，还有一些钱币上没有"众王之王，大救星"，却有"ᘐ ᘁ ᘐ ᘗ ᘗ"（vema takto，维马·塔克托）的名字。如此一来，这三种钱币就

---

① ［英］约翰·马歇尔. 塔克西拉［M］. 秦立彦，译. 昆明：云南人民出版社，2002：83.

② M. E. Masson. *The Origin of the Nameless King of Kings, the Great the Soviour*［J］. Tashkent，1950.

③ B. N. Mukherjee. *The Kushana Genealogy*［M］. Calcutta，1967：54.

④ 杨巨平. "Soter Megas"考辨［J］. 历史研究，2009（4）. ［英］约翰·马歇尔. 塔克西拉［M］. 秦立彦，译. 昆明：云南人民出版社，2002：1138.

⑤ Osmund Bopearachchi. *New Numismatic Evidence on the Chronology of Late Indo - Greeks and Early Kushans*［C］//丝绸之路古国钱币暨丝路文化国际学术研讨会论文集. 上海：上海书画出版社，2011：276.

勉强联系在了一起。

　　第一类是既有希腊语币文"众王之王，大救星"，又有"维马"币文的钱币（见图3－12）。例如，主要流通于犍陀罗地区的此类钱币为四德拉克马银币，印度标准，重约10克。

　　注：钱币正面为束头带的国王手持马鞭骑马向右，四周为希腊语币文"BACIΛEWC BACIΛEΩN CWTHP MEΓAC"（众王之王，大救星）。背面为站立的宙斯手持权杖，四周为佉卢文币文（大王，众王之王，伟大的主，大救星），宙斯的左边为佉卢文的"ꑞ"（维马）。

图3－12　贵霜维马·塔克托四德拉克马铜币

　　此类钱币中还有一种流通于兴都库什山以北的巴克特里亚地区的钱币（见图3－13），其重量约为12.52克，似乎是减重的希腊阿提卡标准。

　　注：钱币正面为戴头盔的国王左向头像，左边为佉卢文的"ꑞ"（维马）。背面为束头带的国王手持短剑右向，四周为希腊语币文"BACIΛEWC BACIΛEΩN CWTHP MEΓAC"（众王之王，大救星）。

图3－13　贵霜维马·塔克托四德拉克马铜币

第一类钱币中的两种类型，正面的右侧，都带有一个三分叉的族徽。

第二类钱币是源自丘就却的"双峰驼—瘤牛"钱币，一面为错误的希腊语币文，另一面则表明"维马·塔克托"（见图3–14）。此种钱币，重量约为5.12克，一说为二查柯铜币，另一说为希腊标准的四德拉克马。此种钱币主要流通于克什米尔地区。

注：钱币正面为瘤牛和错误的希腊语币文。背面为双峰驼，四周为佉卢文币文（大王，众王之王，天子，维马·塔克托）。

图3–14　贵霜维马·塔克托二查克托铜币（四德拉克马?）

维马·塔克托的钱币上也出现了"天子"的名号，这是一个与中国皇帝相同的名号。《后汉书》记载了公元87年贵霜王将异国动物"扶拔、师子"作为贡品进献给汉朝皇帝；然而，公元90年贵霜王又"遣兵攻西域长史班超"。可见，此时贵霜王眼中已经不再奉汉朝为上国，而贵霜王自称"天子"。

三、从双子座战马到国王策马

前文所述的主要流通于犍陀罗地区的第一类货币，如果从钱币纹饰上看，非常类似于被称为印度—安息式的钱币。印度—安息王国又称为贡多法勒斯王朝，曾经在塔克西拉建都。印度—安息王国虽然名义上是安息的属国，但它是一个由塞种人建立的、相对独立的国家。印度—安息王国自身也采用分封制，各地诸侯自行统治。

英德拉瓦尔马（Indravarma）作为塔克西拉的总督，执政时间约为公元 30 年之前。他的钱币正面有着和贡多法勒斯的钱币上一样的族徽（见图 3 - 15）。

注：钱币正面为束头带的国王策马向右，马头下有族徽标志，背面为手持权杖的宙斯。重 9.59 克。

图 3 - 15　印度—安息英德拉瓦尔马四德拉克马铜币

英德拉瓦尔马的儿子阿斯帕瓦尔马（Aspavarma）也曾是塔克西拉的总督，执政时间在公元 35 年之前。但是这枚钱币上，已经没有了族徽（见图 3 - 16），很有可能此时他已经脱离了印度—安息王国。

注：钱币正面为束头带的国王策马向右，背面为手持权杖的宙斯。重 9.58 克。

图 3 - 16　印度—安息阿斯帕瓦尔马四德拉克马铜币

印度—安息式钱币正面的国王策马纹饰，可能来自于印度—希腊国王攸克拉提德斯，他夺取了巴克特里亚的领土，并采用双子座战马纹饰发行钱币。而安提马克斯二世则进一步采用了单人单马的背面纹饰（见图3－17）。印度—安息式钱币背面的宙斯像纹饰，则来自攸克拉提德斯之子赫利奥克勒斯一世采用的宙斯的纹饰。

注：钱币正面为胜利女神，四周为希腊语币文"ΒΑΣΙΛΕΩΣ ΝΙΚΗΦΟΡΟΥ ΑΝΤΙΜΑΧΟΥ"（国王，胜利的安提马克斯）。背面为国王策马，四周为佉卢文币文（大王，众王之王，安提马克斯）。

图3－17　印度—希腊安提马克斯二世四德拉克马银币

　　希腊钱币上的这种纹饰，可能首先被塞种人国王毛厄斯使用过。毛厄斯的钱币正面为国王策马的纹饰，背面为胜利女神的纹饰。毛厄斯钱币正面的国王策马纹饰，很有可能来自希腊人国王攸克拉提德斯钱币上的双子座战马纹饰，只是毛厄斯钱币上的马变为了一匹。后继的塞种人国王沃诺内斯开始采用正面为国王策马、背面为站立的宙斯的纹饰，这种钱币的样式，被后世的塞种人国王阿泽斯一世、阿季里斯、阿泽斯二世所延续使用。这种纹饰实际上也是辨认塞种人国王序列的一个根据。

　　印度—安息国家也是塞种人建立的王国，钱币上国王都称"贡多法勒斯"。"贡多法勒斯"钱币（见图2－32），与印度—塞种人国家钱币看上去很相似，区别在于其特有族徽，以及国王手中持有的不是长矛，而是短剑。

　　维马·塔克托的第一类钱币（见图3－12），即"维马"币文钱币中的国王策马与站立宙斯纹饰的钱币，与塔克西拉的印度—安息总督英德拉瓦尔马与阿斯帕瓦尔马的钱币，无论在重量上还是在纹饰上都非常相像。而且采用的也是类似印度—安息钱币纹饰的手持短剑的国王策马纹饰。

四、货币从地方走向统一

可以归属为维马·塔克托的第三类钱币是没有其名字的钱币，因为这种钱币上有希腊语币文"BACIΛEWC BACIΛEΩN CWTHP MEΓAC"（众王之王，大救星），而和前面说过的正面为国王策马、背面为宙斯立像纹饰的钱币归为一人。除此之外，这两种钱币上都有三叉族徽。

此类钱币分为四德拉克马（见图3-18）和德拉克马两种。材质都是含银量很低的铜币。四德拉克马的重量不到9克，德拉克马的重量大约为2.2克。

注：钱币正面为束头带、手持权杖的国王右向胸像，头顶上有光芒线。背面为束头带的国王手持短剑骑马向右，四周为希腊语币文"BACIΛEWC BACIΛEΩN CWTHP MEΓAC"（众王之王，大救星）。

图3-18　贵霜维马·塔克托四德拉克马铜币

此种钱币背面的纹饰，和第二类型背面纹饰如出一辙。而钱币正面的纹饰，则似乎出自丘就却的罗马风格肖像。只不过从头像变为胸像。胸像的头顶上有6~14条不等的光芒线。[①] 有

---

① 杜维善. 贵霜帝国之钱币 [M]. 上海：上海古籍出版社，2012：53.

认为此种刻画方式是在塑造伊朗神祇密特拉的形象。[1]

维马·塔克托的第三类钱币，分布范围广、打制时间久。有认为此类钱币延续自丘就却时期，打制时间早于另外两种类型，因而是带有佉卢文"维马"或"维马·塔克托"的钱币逐步取代了第三类钱币。[2] 但是此种观点值得商榷。丘就却时期的钱币呈现出明显的混乱局面，而维马·塔克托时期的钱币，尽管以"众王之王，大救星"纹饰的钱币为特征，但也有地方性差异。这种局面在接下来的阎膏珍时期发生了扭转。而在过渡时期使用的应当是第三类的钱币，也就是分布范围最广的钱币，取代了另外两类的钱币。

第三节　阎膏珍时期的货币

一、阎膏珍的时代

塔克西拉城由三处主要遗址组成。最早的遗址在皮尔丘，属于亚历山大大帝东征和孔雀王朝时期。第二个遗址是斯尔卡普，它由巴克特里亚—希腊人和印度—希腊人所建，一直被使用到贵霜王朝的中期。然而，在斯尔卡普遗址中，只发现了37枚阎膏珍的钱币。[3] 这是因为，大概在这个时候，贵霜人在斯尔苏克（Sirsukh）新建了塔克西拉城。真正建于贵霜王朝时期的遗址是斯尔苏克。[4] 贵霜人新建城市，可能和此前的瘟疫有关，

---

① 寅龙. 贵霜王朝及其后继国硬币 [M]. 自版：121.

② 余太山. 贵霜史研究 [M]. 北京：商务印书馆，2015：58.

③ [英] 约翰·马歇尔. 塔克西拉 [M]. 秦立彦，译. 昆明：云南人民出版社，2002：1138.

④ 庞霄骁. 贵霜帝国的城市与丝绸之路在南亚次大陆的拓展 [J]. 西域研究，2017（1）.

这场瘟疫使建在斯尔卡普的城市失去了一半的人口。也有可能和更近的一次大地震有关，这在当时的人看来，并非好的兆头。①

在斯尔苏克之前的斯尔卡普城址，是典型的希腊风格的棋盘式规划的城市；而在斯尔卡普城址东北的斯尔苏克城址，则是一个不规则的长方形，这种长方形布局来自贵霜人带来的亚洲传统。斯尔苏克城的城墙墙面，是大花墙，这是安息人的建筑风格。而希腊人和塞种人则采用毛石墙。②

《后汉书·西域传》载："……阎膏珍代为王，复灭天竺，置将一人兼领之。月氏自此之后最为富盛。"阎膏珍时期，在军事上进一步征伐攻略，进一步拓展了疆域。阎膏珍是一位喜爱树碑立传的君主，多处碑志都记载了他的武功。

达希迪纳沃的贵霜语铭文中载：[1] ［纪元］279 年 *Gorpiaios* ［月］15 日。[2] 众王之王，尊贵，[3] 伟大的 阎膏珍（οοημο ταπισο）[4]贵霜王，被月［神］保护，[5] 正直的陛下制作了此碑铭，[6]他是赐福者。[7~9]阎膏珍从 *Andezo* 和被他征服的 *Sanigos* 人那里来到此地。[10~12]他下令道：*Andezo* 将永远向神殿和战神付税。[13]因为他是他们召唤至此。这里的纪元第 279 年，有可能是攸克拉提德斯继位的元年，即公元前 170 年左右，故而是公元 109 年。③

阎膏珍在位期间，对国内内政与商业进行了比较精细化的管理。著名的第尔伯金碑铭记载了这段历史：阎膏珍在要塞中

---

① ［英］约翰·马歇尔．塔克西拉［M］．秦立彦，译．昆明：云南人民出版社，2002：314．

② ［英］约翰·马歇尔．塔克西拉［M］．秦立彦，译．昆明：云南人民出版社，2002：315－316．

③ ［匈］哈尔马塔．中亚文明史（第二卷）：定居文明与游牧文明的发展［M］．徐文堪，芮传明，译．北京：中译出版社，2016：409．

建造了一座献给湿婆（οηþο）的神殿。当要塞即将完工时，由于要塞里没有干净的水，于是湿婆想离开这座无水的要塞。为了从旧水源向神殿引水，将乌贾因的工人和技师带到这里。当时国王阎膏珍派 Toxmodane 做这里的主管，他便在棱堡内掘了一口井，并将流水从旧水源引进要塞，以使要塞中有充足的净水，不至干涸。这样湿婆就不会离开神殿。即使没有流水经过时，井中纯净而充足的水也可以供应那里的神殿。但是正直的阎膏珍得悉旧水源的净水已经缺乏，于是他派 Liiago 去那里管理。Liiago 被授权监护水井和水源。要塞的仆役们必须保护饮用水。阎膏珍还下达了口谕："永远不得在我的领土上开水渠！因为不这样永远成不了一条水流。"后来他又分配了房屋。当阎膏珍成为商人们的监护人时，他让商人有义务贡献一份礼物。商人们获得了特权，而他们的义务是保证永生永世崇拜。[①] 湿婆是贵霜钱币上经常出现的神祇。

二、发行金币

阎膏珍时期，贵霜从动荡走向稳定。贵霜人看到了丝路贸易带来的好处，并积极参与到贸易中去。此前，曾有大量罗马帝国的金币涌入。罗马帝国图拉真时期（公元 98 年至公元 117 年），曾有罗马史家记录了从印度来到罗马的使团。[②] 而阎膏珍也决定开始发行自己的金币。

阎膏珍首先进行了货币改革。在阎膏珍之前，贵霜基本沿袭了印度—希腊王国的货币传统，采用银币和铜币复本位货币制度。前面说过，印度—希腊王国采用的是印度标准的银币和

①　[匈] 哈尔马塔. 中亚文明史（第二卷）：定居文明与游牧文明的发展 [M]. 徐文堪，芮传明，译. 北京：中译出版社，2016：411 –412.

②　[匈] 哈尔马塔. 中亚文明史（第二卷）：定居文明与游牧文明的发展 [M]. 徐文堪，芮传明，译. 北京：中译出版社，2016：239.

铜币。银币的基本币种为四德拉克马，重 9.68 克。银币还包括德拉克马、½德拉克马。铜币的基本货币为二查柯，重 5 克左右。铜币还包括八查柯、四查柯与查柯。

阎膏珍时期，开始采用罗马银币的名称发行金币。贵霜是印度地区第一个发行金币的国家。[①] 阎膏珍时期对应着罗马帝国的图拉真与哈德良时期，那时正是罗马帝国的鼎盛时期。罗马帝国的金币被称为奥里斯（*aureus*），奥古斯都时期，理论重量为 8.0 克，即 1/40 罗马磅，实际上平均重量为 7.95 克。从公元 82 年开始，图密善皇帝发行的奥里斯币的重量采用的是尼禄改革前的 7.8 克，但后来又再次降到 7.55 克。这一标准被涅尔瓦皇帝沿用，却在图拉真皇帝早期被弃用，图拉真重新采用尼禄改革后的 1/45 罗马磅的标准制造奥里斯币，理论重量为 7.25 克，这一标准在这一时期一直被沿用。阎膏珍时期发行的金币，采用的是奥古斯都时期的标准，即 1/40 罗马磅，实际重量为 7.95 克。但是，贵霜的金币并不采用罗马帝国金币的名称，即奥里斯，而是采用罗马帝国银币的名称，即狄纳里（*denarius*）。[②] 贵霜晚期的巴克特里亚语（贵霜语）文书中写道：

[20]ολο κιριωδηιο αλο αζαδο πιδορωφσο ληρινδηιο σιδανο ραλικο μαυοσινδηιο ταδανο [21]λαυινδηιο ταοανο αβο αογανο γαζνο ζαροζιδγο κ'διναρο οδο δαφρηλο φαρο παδαρλο —

（[20]使另一个［女人］成［我们之］妻，或占有一个自由的［女人为］妻，而 *Ralik* 未同意，那么，[21]［我们］将给予皇家财库 20 狄纳里金币，并给予对方同样的数量。）[③]

———————————

①　［英］Joe Cribb, Barrie Cook, Ian Carradice. 世界各国铸币史［M］. 刘森，译. 北京：中华书局，2005：348.

②　R. A. G. Carson. *Coins of the Roman Empire*［M］. Routledge, 1990：231.

③　［英］尼古拉斯·辛姆斯－威廉姆斯. 阿富汗北部的巴克特里亚文献［M］. 兰州：兰州大学出版社，2014：75.

贵霜的金币 διναρο，源自罗马帝国银币名称"*denarius*"，这个单词又源于拉丁文"*dini*"（10）。罗马共和国时期，1 狄纳里＝10 阿斯铜币。奥古斯都时期的重量标准为 1/84 罗马磅，理论重量为 3.89 克。从重量上看，贵霜的金币狄纳里，显然不是按照罗马的银币狄纳里标准打制的。

阎膏珍发行的金币，包括 15.5 克左右的二狄纳里，7.95 克的狄纳里，以及 2.0 克左右的¼狄纳里。

三、阎膏珍手里拿的象刺

阎膏珍时期，开始借鉴罗马帝国的贸易经验发行金币。阎膏珍的金币上，首次出现了有贵霜人特征的君主肖像。此前，无论是丘就却时期，还是维马·塔克托时期，都是仿制其他希腊国王或是其他塞种人国王的钱币，并没有对自身的肖像进行刻画。而阎膏珍的钱币上，尽管不如希腊钱币上的肖像那样写实，但仍可从中窥探贵霜人的相貌特征。

钱币上的肖像粗犷、威严。君主戴着游牧民族特有的尖帽，束头的两个带子飘逸在空中。络腮胡子是阎膏珍的典型特征。除此之外，钱币上的阎膏珍，一手拿着狼牙棒，一手拿着一个象刺（ankusha）（见图 3－19）。从外形上看，这个兵器非常像维马·塔克托手上拿的东西（见图 3－18）。

象刺是驾驭大象的兵器，它的样子很像一把镰刀。阎膏珍手中握有象刺，不仅是一种驾驭大象的兵器，更是一种权力的象征。一个有趣的现象是，有些手拿象刺的钱币被稍微磨损之后，向左弯折的象刺与衣服上的纽扣看上去就像阎膏珍手中拿了一颗"桃心"（见图 3－20）

实际上，即便是阎膏珍手中拿着一颗"桃心"，也不必太惊讶。这种桃心的造型是木莒叶的形象。木莒是一种爬藤类植物，它在希腊是酒神狄俄尼索斯战胜死亡、获取胜利、永恒不灭的象征。古希

注：钱币正面为阎膏珍左向半身像，右侧有族徽，四周为希腊语币文
"BACIΛEYC OOH MO KAΔΦICHC"（国王维马·卡德菲赛斯）。背面为站着的湿婆，
左为族徽，右侧为圣牛徽记，四周为佉卢文币文（大王，众王之王，世界之主，伟
大的主，阎膏珍，救星）。

图 3-19　贵霜阎膏珍狄纳里金币

注：钱币正面为阎膏珍左向半身像，右侧有族徽，四周为希腊语币文
"BACIΛEYC OOH MO KAΔΦICHC"（国王维马·卡德菲赛斯）。背面为站着的密特
拉，头顶光芒，左侧为族徽，右侧为希腊语币文"MIIPO"（弥若）。

图 3-20　贵霜阎膏珍狄纳里金币

腊钱币上的酒神形象，就有头戴木茑叶的特征（见图 3-21）。

　　在古希腊人看来，葡萄进入冬季就会落叶，而木茑叶子则
经冬不凋、终年新绿，传递着"生命不止，死而复生"这一真
理。木茑还显现出植物生生不息的生命力，故在维护、庇佑死
后世界人类亡魂的存续这方面，可以说是再合适不过的植物了。
这种图案纹饰随着希腊化而向东传播。在小亚细亚，当地人将

注：钱币正面为戴着头饰的酒神狄俄尼索斯。背面为醉神希勒厄斯蹲坐在地上举着双耳酒杯，右边为希腊语币文"NAXION"（纳索斯的）。

图 3-21　西西里纳索斯四德拉克马银币（约公元前 420 年至公元前 415 年）

死者的名字连同木莛的一片心形叶子一并刻在墓碑之上，象征着永恒不灭的生命。[①] 阿富汗黄金之丘贵族墓葬中，出土了许多有木莛心形叶纹饰的物件（见图 3-22）。

图 3-22　黄金之丘贵族墓出土的短剑柄

法国学者维罗妮卡·希尔兹认为，心形木莛叶纹是权威、权力的表现。但日本学者田边胜美在研究了大量贵霜时期的雕

① ［日］田边胜美. 阿富汗"黄金之丘"所出的心形常春藤叶纹样解读［J］. 丝路艺术，2017（5）.

像以及出土的墓室后发现，心形木鸢叶纹与墓葬文化有很大关系。她认为，贵霜王朝美术中的心形木鸢叶纹以及心形木鸢叶藤蔓，反映了死后神化并获得永生的国王的归宿和救济的观念。因此，中亚和南亚的伊朗系民族把与狄俄尼索斯相关的重生复活与永生不灭的思想体系，融入了他们的墓葬文化，而不是将其与王权和王权的标志联系起来。[①]

四、不同规格的金币

阎膏珍时期，不仅开始发行金币，而且是按照一定的形制发行。这与丘就却和维马·塔克托时期形成鲜明的对比。

前面说过，阎膏珍时期的金币主要有二狄纳里、狄纳里、¼狄纳里等。每一种金币的正面，都有君主的肖像，但是存在半身像、坐像以及十分特殊的在方框中的胸像几种类型。钱币的背面则分别为湿婆与瘤牛像、湿婆立像和神物。

阎膏珍发行的二狄纳里金币，重约 16 克，直径 26 毫米。钱币正面的君主像有许多种类，包括半身像、在方框中的胸像、坐像。半身像又包括左向和右向。钱币的背面，则统一为湿婆与瘤牛像（见图 3 - 23）。阎膏珍的金币背面，已经出现了希腊化的贵霜神祇，用湿婆与瘤牛纹饰将神祇的特征刻画得非常鲜明。纹饰四周是佉卢文币文。其中最后一个币文，即"𐨀𐨤𐨆𐨯𐨂"的含义存在争议。这是因为佉卢文字母无法表达出长元音，"𐨀𐨤𐨆𐨯𐨂"既可以表示 mahisvarasa，也可以表示 māhisvarasa，长元音的情况下应释读为"湿婆崇拜者"，从考古发现和题铭中也进一步证明了这个观点。[②] 阎膏珍的金币上，并没有通过币文写

① ［日］田边胜美. 阿富汗"黄金之丘"所出的心形常春藤叶纹样解读［J］. 丝路艺术，2017，5.

② ［匈］哈尔马塔. 中亚文明史（第二卷）［M］. 北京：中译出版社，2017：302.

明神祇的名字，这是与后来的钱币相区别的。

注：钱币正面为阎膏珍左向半身像，右侧有族徽，四周为希腊语币文
"BACIΛEYC OOH MO KAΔΦICHC"（国王维马·卡德菲赛斯）。背面为站着的湿
婆，身后为瘤牛，瘤牛后为圣牛徽记，四周为佉卢文币文（大王，众王之王，世界
之主，伟大的主，阎膏珍，救星）。

图 3 - 23　贵霜阎膏珍二狄纳里金币

　　阎膏珍发行的狄纳里金币，重约 8 克，直径 21 毫米。钱币
正面为阎膏珍的半身像，有的左向，有的右向。也出现过阎膏
珍坐在双马战车里的纹饰。钱币正面，则是站立的湿婆。湿婆
一手持三叉戟，一手拿着水罐，戴着臂圈。湿婆生殖器勃起，
披着兽皮，胸前戴着护身符（见图 3 - 24）。

注：钱币正面为阎膏珍左向半身像，右侧有族徽，四周为希腊语币文
"BACIΛEYC OOH MO KAΔΦICHC"（国王维马·卡德菲赛斯）。背面为站着的湿婆，
左侧为族徽，右侧为圣牛徽记，四周为佉卢文币文（大王，众王之王，世界之主，
伟大的主，阎膏珍，救星）。

图 3 - 24　贵霜阎膏珍狄纳里金币

阎膏珍发行的¼狄纳里金币，重约 2 克，直径约 12 毫米。钱币的正面为在方框中的头像。而钱币背面则为神物。神物由神的三叉戟、战斧和林伽组成（见图 3 - 25）。

注：钱币正面为方框中的阎膏珍头像，右侧有族徽，四周为希腊语币文"BACIΛEYC OOH MO KAΔΦICHC"（国王维马·卡德菲赛斯）。背面为神物，左为族徽，右侧为圣牛徽记，四周为佉卢文币文（大王，众王之王，阎膏珍）。

图 3 - 25　贵霜阎膏珍¼狄纳里金币

阎膏珍的金币上，几乎都为半身像或胸像、头像。而在铜币上则出现过全身像。但是在大英博物馆内还曾有一枚全身像的银币（见图 3 - 26）。①

图 3 - 26　阎膏珍钱币正面的全身像

---

① John M. Rosenfield. *The Dynastic Arts of the Kushans* [M]. University of California Press, 1967：25.

阎膏珍发行的金币，总体上较为规整，人们通过辨认钱币背面的纹饰，就可以分辨出其各自的价值。

第四节　贵霜王朝早期货币的演变

一、币制的统一

贵霜王朝从丘就却在公元 1 世纪初期建立起，到维马·塔克托继位，再到阎膏珍拓土扩张，历经近 100 年。在丘就却攻灭四翕侯、建立贵霜王朝之前，是当地希腊人、塞种人、印度人，乃至安息人战乱的年代。在这样的战乱纷繁的年代里，经济势必会衰退。

希腊人东征来到这里，建立了希腊人的独立王国。希腊人按照故乡的做法在这里发行银币。四德拉克马银币成为这里的主要货币。种种迹象表明，希腊人在这里发行的银币，一直保持着较好的纯度。此后，塞种人、月氏人不断侵袭希腊人的领土，希腊人的势力范围逐渐退缩到兴都库什山以南。在山南，其领土也在逐渐缩小，并最终被塞种人所灭。

塞种人在兴都库什山南北，忠实地按照希腊人的样式发行货币。甚至与希腊人一样把四德拉克马改为印度标准的重量。此后，安息—塞种人国家也仿照希腊人发行货币。但是，在那个战争的年代，银币的纯度持续下降，以至于我们可以将它看作铜币。贵霜王朝前期的两位君主，也继承了这个传统，不发行银币，而只发行铜币。[①]

丘就却的君主生涯，似乎都是处在征战之中，这位贵霜王朝的奠基者，似乎并无意要建立统一的货币制度，只是他打到

---

①　杜维善.贵霜帝国之钱币［M］.上海：上海古籍出版社，2012：23.

哪里，就按照那里当地的习惯发行货币。

维马·塔克托，作为贵霜的第二位君主，初期也是采取不同的货币样式。但是他在后期开始统一货币，尽管正面纹饰仍然是仿照罗马货币的样式。

阎膏珍时期，新任君主站在广阔的国土上，大刀阔斧地开始进行"货币改革"。他不仅发行了三种面值的金币，而且还发行了两种面值的铜币。贵霜式钱币开始正式迈上历史舞台。贵霜王朝发行标准的金币和铜币，为王朝的经济发展打下了坚实的基础。

二、贵霜式钱币的正式确立

阎膏珍继位后，以罗马银币的名称命名自己的金币，同时统一了钱币的纹饰，开创了贵霜式钱币时代。

阎膏珍最初发行的钱币，只有希腊语币文，后来加上了佉卢文，成为双语币文。钱币上的阎膏珍，身着伊朗式的长袍——卡弗旦（Kaftan），开袍长及膝盖，质地为丝绸，薄而透明，衣袖有紧袖和宽袖两种，宽袖只见于中后期发行的钱币上，袍底折边为平行，中后期出现弧形袍底折边。袍内穿圆领衫，褶皱长裤，腰间有皮带；脚穿长头靴，形式特殊。钱币上的君主左手执权杖，右手深入祭坛做供养状。祭坛后有三叉戟，戟杆中部坎上月牙状战斧，无飘带。君主像左边有族徽。最初的钱币背面没有币文，但是在外缘有一圈圆点和黍秆，这种外缘常见于希腊人的钱币。圈内为湿婆和瘤牛，左边有"圣牛足迹"的徽记。阎膏珍最初发行的这种铜币，采用的是希腊阿提卡标准，重量为 16.5～17 克。[①] 这种最初在巴克特里亚打制的铜币（见图 3-27），从纹饰上看，已经奠定了贵霜钱币的基础。

---

① 杜维善. 贵霜帝国之钱币 [M]. 上海：上海古籍出版社，2012：23.

注：钱币正面为阎膏珍左向立像，右侧有族徽，四周为希腊语币文"BACIΛEYC BACIΛEΩN CWTHP MEΓAC OOHMO KAΔΦICHC"（众王之王，大救星，维马·卡德菲赛斯）。背面为站着的湿婆，身后为瘤牛，左边为圣牛徽记。

图 3-27　贵霜阎膏珍四德拉克马铜币

在贵霜后来的其他君主的钱币上，正面都为贵霜风格的君主像，而背面则为贵霜王朝的各种神祇，这种币制被正式确立了下来。

在重量上，阎膏珍开启了 8 克为金币基本重量的标准。这种重量也一直在贵霜王朝的货币制中延续着。

值得一提的是，8 克是一个令人类非常迷恋的货币重量。阿提卡标准的二德拉克马是 8.48~8.6 克，罗马金币奥里斯的重量为 8 克，波斯金币大流克的重量为 8.4 克，印度本土的卡夏帕那银币重 8.5 克。[①] 两河流域的重量标准舍客勒为 8.33 克。秦汉的半两钱为 7.81 克。由此看来，在全世界范围内，钱币的基本重量标准都在 7.81~8.6 克，相差不到 1 克。这不是巧合。石俊志先生考证，东、西两方的重量，最初都来自手捧粮食的重量。中国古代的一捧粮食是两斤，为 500 克，而波斯的一捧粮食也为 500 克，称为"舍客勒"。但是波斯人采用的是 60 进制，500 克舍客勒分为 60 个弥那，1 弥那 = 8.33 克。中国是 2 进制，

---

① 杜维善. 贵霜帝国之钱币 [M]. 上海：上海古籍出版社，2012：24.

1 斤为 16 两，2 斤为 32 两，2 斤（500 克）为 64 个半两，1 半两 = 7.8125 克。[①]

三、币文的变化

贵霜时期的前三位君主，经历了攻灭四翕侯、攻略他国、建立贵霜王朝的过程。从钱币的发展历程中我们也能看出，第一代君主，只是收编了造币厂，从而发行了凌乱的钱币；第二代君主维马·塔克托，开始统一贵霜货币的形制；第三代君主阎膏珍，在此基础上发行金币，统一铜币。

表 3－1　　　　　贵霜王朝早期部分钱币上的币文

类型	希腊文	佉卢文
丘就却"赫马厄斯"钱币	AΣIΛEΩΣ ΣTHPOΣΣY EPMAIOY（大王赫马厄斯，救世主）	*Kujula Kasasa Kushana Yavugasa Dhra-mathidasa*（丘就却·卡德菲赛斯，贵霜翕侯，信法）
丘就却"赫马厄斯"钱币	BAΣIΛEΩΣ ΣTHPOΣΣY EPMAIOY（大王赫马厄斯，救世主）	*Maharajasa Khushanasa Yavugasa Kushana Katisa*（丘就却·卡德菲赛斯，贵霜大王，翕侯）
丘就却"瘤牛—双峰驼"钱币	错误的希腊语币文	*Maharayasa Rayatirayasa Kuyula Kara Kapasa*（大王，众王之王，贵霜丘就却·卡德菲赛斯·天子）
维马·塔克托"国王策马"钱币	BACIΛEWC BACIΛEΩN CWTHP MEΓAC（众王之王，大救星）	*Maharajasa Rajatirajasa Mahatasa Tratrarasa*（大王，众王之王，伟大的主，大救星）

[①]　石俊志. 货币的起源 [M]. 北京：法律出版社，2020：159－160.

续表

类型	希腊文	佉卢文
维马·塔克托"仿罗马"统一钱币	BACIΛEWC BACIΛEΩN CWTHP MEΓAC（众王之王，大救星）	
维马·塔克托"瘤牛—双峰驼"钱币	错误的希腊语币文	*Maharajaasa Rajadirajasa Devaputrasa Vima Takha*（大王，众王之王，天子，维马·塔克托）
阎膏珍二狄纳里金币	BACIΛEYC OOH MO KAΔΦICHC（国王维马·卡德菲赛斯）	*Maharajasa Rajadirajasa Sarvaloga Isvarasa Mahisvarasa Vima Kathphishasa Tratara*（大王，众王之王，世界之主，伟大的主，阎膏珍，救星）
阎膏珍狄纳里金币	BACIΛEYC OOH MO KAΔΦICHC（国王维马·卡德菲赛斯）	*Maharajasa Rajadirajasa Sarvaloga Isvarasa Mahisvarasa Vima Kathphishasa Tratara*（大王，众王之王，世界之主，伟大的主，阎膏珍，救星）
阎膏珍¼狄纳里金币	BACIΛEYC OOH MO KAΔΦICHC（国王维马·卡德菲赛斯）	*Maharajasa Rajadirajasa Vima Kathphishasa*（大王，众王之王，阎膏珍）

从表3-1可以看出，贵霜王朝的建立者丘就却，在币文上的称谓从翕侯开始，一直发展到大王、众王之王，甚至是天子。币文见证了他的扩张与强大。但是在丘就却的名讳中，一直带有"贵霜"的族群名称。此后的维马·塔克托和阎膏珍的钱币上，都不见了"贵霜"。

维马·塔克托作为贵霜的第二代君主，只称自己为"众王之王，大救星"，很少在钱币上提及自己的名字。这个情况一直是历史上的谜团。

第三代君主阎膏珍，在贵霜最早发行的金币上，不仅表明了自己的身份，还为自己增添了许多尊号，"大王"取自希腊国王称谓；"众王之王"取自波斯君主称谓。"*Sarvaloga*"，有学者认为是"一切世"；"*Mahisvarasa*"是"大自在天"；"*Isvarasa*"是"自在天"。杜维善先生认为，在钱币上，"*Sarvaloga*"译为"宇宙之王、世界之主"；"*Isvarasa Mahisvarasa*"译为"主、伟大的王或湿婆的崇拜者"为妥。① 这些尊号汇集东西各方，这与贵霜所处的东西通衢之处是有关系的。

同时，阎膏珍是最后一个发行希腊语—佉卢文双语钱币的贵霜君主。②

四、贵霜式神祇的创立

丘就却所发行的钱币，其背面丰富多彩，包括赫拉克勒斯、宙斯和胜利女神。这些希腊神祇，在以前希腊人和塞种人的钱币上都很常见，丘就却只是将它们继承了下来。

目前有许多学者都认为，贵霜人将希腊神与伊朗神结合了起来，并用希腊艺术形式将其展现，由此创造出特有的贵霜神。因此，赫拉克勒斯、宙斯、胜利女神，都非常有可能已经不完全是希腊神了。

在阎膏珍时期，贵霜式的印度神出现在钱币上。而钱币背面的纹饰，在阎膏珍时期统一为湿婆。尽管他没有在钱币上写明神祇的名字，但是，如前所述，币文"*Mahisvarasa*"的含义可以理解为"湿婆崇拜者"。出土的铭文显示，阎膏珍在要塞中建造了一座献给尊神"oηþo"（湿婆）的神殿。

在两处发现的遗址铭文中，阎膏珍都被称为是"被月神保

① 杜维善. 贵霜帝国之钱币 [M]. 上海：上海古籍出版社，2012：32.

② ［印］帕尔梅什瓦里·拉尔·笈多. 印度货币史 [M]. 石俊志，译. 北京：法律出版社，2018：35.

护者"。月神是伊朗的神祇，但是月神和印度教中的湿婆关系密切，湿婆发冠的左侧戴着月牙。就政治原因而言，阎膏珍东征印度期间，对获得当地印度居民的支持有十分重要的作用。①

阎膏珍钱币上湿婆的形象与湿婆在传说中的形象十分吻合，与站在湿婆身后的圣牛组合更是经典的搭配造型。

① ［匈］哈尔马塔. 中亚文明史（第二卷）［M］. 北京：中译出版社，2017：303.

第四章　大贵霜时期的货币

第一节　大贵霜时期

一、迦腻色伽大帝

丘就却、维马·塔克托、阎膏珍的时代，是贵霜王朝的前期。阎膏珍去世后，迦腻色伽拥兵自立为王，开始了迦腻色伽家族的统治。迦腻色伽大约在公元 140 年至公元 163 年在位，[①]他在位期间，贵霜王朝达到了鼎盛，他也被称为"迦腻色伽大帝"（Kanishka the Great），也同样因为这个原因，迦腻色伽之后的贵霜王朝时代，被称为"大贵霜时期"。

在军事上，迦腻色伽控制了整个克什米尔地区，那里至今仍留有迦腻色伽城（Kaniskapru）。此后他又向印度中部和南部进军，势力范围到达恒河流域。迦腻色伽的大军占领了印度南部的马尔瓦（Malwa）地区，并派其子婆什色伽（瓦什色伽）担任该地区总督。[②]《后汉书·天竺国传》载：

身毒有别城数百，国置王……其时皆属月氏。月氏杀其王而置将，令统其人。

迦腻色伽征服印度后，北上讨伐花剌子模、大宛等国，并

---

①　黄靖. 贵霜帝国的年代体系［J］. 中亚学刊Ⅱ，中华书局，1987.

②　蓝琪. 中亚史（第一卷）［M］. 北京：商务印书馆，2018：256.

将之纳入版图。此时，正值东汉与西域关系断绝时期，他也曾乘势吞并若干西域小国。在鼎盛时期，贵霜王朝的疆域北达咸海、里海海滨，南达中印度的文迪亚山，东至葱岭，西抵伊朗高原。为了更好地统治印度，迦腻色伽将首都从蓝氏城（巴克特拉）迁到了富楼沙（白沙瓦）。[1]《大唐西域记》载：

　　……昔犍陀罗国迦腻色伽王威被邻国，化洽远方，治兵广地至葱岭东，河西蕃维，畏威送质。

威震四方的迦腻色伽，不仅采用了波斯人惯用的"众王之王"的称号，还采用了类似中国皇帝的"天子"的称号，以及罗马帝国"恺撒"的称号。贵霜王朝与流行的四大文明建立起了联系，包括中国文明、波斯文明、希腊罗马文明、印度文明。贵霜人促进了世界文明的交流。[2]

迦腻色伽一世同时也开启了贵霜的纪年，他在位的第一年为贵霜元年，而他统治到贵霜23年。贵霜元年是公元纪年的哪一年，并没有完全一致认可的说法。有认为是公元78年，也有认为是公元103年、公元127年或者是公元140年、公元248年。本书按照货币学研究需要，采用公元140年。

二、迦腻色伽一世之后

迦腻色伽一世开启了贵霜王朝自己的纪年，他在位的时间是贵霜纪年1—23年。

在后续的铭文中人们发现了一些错综复杂的纪年。

20年：瓦赫色伽（Vajheshka）

22年：瓦什贵霜纳（Vasa Kushana）

24年和28年：瓦什色伽（Vasishka）

---

[1]　蓝琪. 中亚史（第一卷）［M］. 北京：商务印书馆，2018：256 – 257.

[2]　［印］师觉月. 印度与中国［M］. 姜景奎等，译. 北京：中国大百科全书出版社，2018：15.

28—60 年：胡维色伽（Huvishka）

67—98 年：波调（Vasudeva）

除此之外，还出现过阿拉（Ara）纪元第 41 年的铭文，属于瓦赫色伽之子迦腻色伽，这个时间应该是在胡维色伽在位中期。①

对于这些再次出现的混乱局面，有学者认为，瓦赫色伽之子迦腻色伽就是迦腻色伽一世。② 由于迦腻色伽一世年老无力疲于军事，遂命其子瓦什色伽出任印度的副王。但是瓦什色伽先于迦腻色伽一世去世，因此由其兄弟胡维色伽继承此职。另外一种可能性是，这是另一个迦腻色伽，他在阿拉纪元第 41 年的时候统治着帝国西部。他或许是胡维色伽的一个兄弟，与之共享统治权，或者是王室旁系的一个成员，曾在一段时期内篡夺了帝国西部的政权。还有一种可能性是，迦腻色伽一世去世后，瓦什色伽和胡维色伽分治，后来其中一个人的儿子（也称为迦腻色伽）继承了父亲的王位，并最终成为贵霜唯一的君主。③

国内学者认为，迦腻色伽一世去世后，贵霜经历了"三王共治"时期，此时的三王分别为瓦什色伽、胡维色伽和迦腻色伽二世。瓦什色伽是迦腻色伽一世的儿子，他继承了王位，同时胡维色伽任副王。瓦什色伽去世后，胡维色伽继任国王，而瓦什色伽之子迦腻色伽二世为副王；胡维色伽去世后，迦腻色

---

① ［匈］哈尔马塔. 中亚文明史（第二卷）［M］. 北京：中译出版社，2017：235.

② R. D. Banerji, The Scythian Period of Indian History ［J］. *Indian Antiquary*, Vol. 37. 1908：58；V. A. Smith, *The Early History of India, from 600 B. C. to the Muhammad Conquest, Including the Invasion of Alexander the Great* ［M］. 4th rev. ed., Oxford University Press, 1924：286.

③ S. Konow, *Kharoshthi Inscriptions with the Exception of Those of Asoka* ［J］. *CII*, Vol. 2, part 1.

伽二世继任国王。①

这里补充一下，在马图拉发现了一枚十分有意思的铜币。钱币正面为一个男子的正面肖像，头上有一个光圈，左手持一柄权杖。钱币背面左侧是一棵长在方形栅栏里的树。树旁有两行婆罗米语币文，印度学者认为意思是"胡维色伽之子"。②或许这可以说明迦腻色伽二世为胡维色伽之子。

注：钱币正面为一个男子立像，背面为栅栏中的树，婆罗米语币文"胡维色伽之子"。

图 4 - 1　贵霜迦腻色伽一世二德拉克马铜币

三、大贵霜时期的世系

在考察大贵霜王朝的历史时，会出现一个比较棘手的问题，那就是瓦什色伽的身份问题。

如前所述，国内外都有学者认为瓦什色伽是迦腻色伽一世的儿子，并继承了迦腻色伽一世的王位，他在位期间，胡维色伽为副王。但是考察瓦什色伽的钱币纹饰，恐怕难以与迦腻色伽时期的钱币有承继关系，反而和后世的钱币更为接近。钱币学家指出，瓦什色伽的名字并没有在大贵霜王朝诸王的钱币系

---

① 黄靖. 贵霜帝国的年代体系 [J]. 中亚学刊Ⅱ，中华书局，1987.

② Parmeshwari Lai Gupta, Sarojini Kulashreshtha. *Kuṣāṇa Coins and History* [M]. D. K. Printword ltd. , 1994：70.

列中，而是出现在波调之后的大贵霜王朝诸王的钱币上。[1]

如前所述，铭文上还有两个与瓦什色伽名字相似的文字。分别是纪元 20 年的瓦赫色伽（Vajheshka）与纪元 22 年的瓦什贵霜纳（Vasa Kushana），而瓦什色伽（Vasishka）的名字出现在纪元 24 年和 28 年。有学者推测，出现在纪元 22 年的瓦什贵霜纳属于大贵霜王朝之后的后期贵霜。这些后期贵霜王包括瓦什色伽、迦腻色伽二世，他们的钱币样式更接近笈多王朝，[2] 是笈多王朝钱币的源头。换句话说，自从瓦什色伽开始，贵霜就采取了新的纪元。对此也有学者论道，铭文上出现的纪元 24 年和纪元 28 年，应当是前面省略了"1"，[3] 于是，

瓦赫色伽（Vajheshka）：[1] 20 年

瓦什贵霜纳（Vasa Kushana）：[1] 22 年

瓦什色伽（Vasishka）：[1] 24 年和 [1] 28 年。

四、大贵霜时期的货币经济

我们仅仅从货币史的角度，将大贵霜时期拟定为有三位君王，分别是迦腻色伽一世、胡维色伽与波调，时间开始于公元140 年，时间跨度大约为 100 年。

最初，在迦腻色伽及其祖父、父亲的开拓下，贵霜王朝疆域达到最大，贵霜的货币也在广阔的范围内使用。后世钱币学家在西边的花剌子模与东边的马图拉都发现有大贵霜时期的钱币。这些钱币中，不仅包括金币，也包括铜币。一方面，铜币作为小额的货币，一般不会在距离这个国家很远的地方被使用。

---

① R. Göbl. *System und Chronologie der Münzprägung des Kušānreiches* [M]. Vienna, 1984：58 – 78.

② ［匈］哈尔马塔. 中亚文明史（第二卷）［M］. 北京：中译出版社, 2017：235.

③ 余太山. 贵霜史研究 [M]. 北京：商务印书馆, 2015：79.

钱币学的证据说明了大贵霜时期疆域的广阔。

另一方面，在贵霜帝国的内部，几乎每个行政区域内都能够发现大批的铜币，而且这些铜币磨损严重，说明它们长时间被流通。甚至是在小型村庄的遗址中，也见到了许多这样的钱币。① 大量的考古遗址还表明，中亚各地之间的贸易得到了极大发展，其贸易货物包括手工业品和农产品，既有日常消费品，也有奢侈品。诸如谷物、水果、陶器、木材等日常消费品可能构成了贵霜境内正规而全面的贸易品。因此各个地方也开始铸造地方钱币，以供零售之用。② 这些都说明了贵霜帝国的经济相当发达。

在大贵霜时期，沿袭了阎膏珍开创的金币制度，三位君主都大量发行金币。经济生活贫乏简单的时候，社会对金币是没有需求的。金币作为一种较高价值的货币，主要应用于大额交易与国际贸易。而在大贵霜时期，罗马与贵霜的贸易总量是相当大的。普林尼在《自然史》中记载："印度每年从我国吸走的货币不下于550 000 000赛斯特提。"③ 罗马与贵霜之间的贸易可见一斑。虽然大贵霜时期的金币发行量无法确知，但是从三位君主所发行的金币大量不同的纹饰来看，金币的生产量应该是不小的。从这一点上来说，此时是大贵霜王朝经济与贸易相当发达的时期。

---

① ［匈］哈尔马塔. 中亚文明史（第二卷）［M］. 北京：中译出版社，2017：263.

② ［匈］哈尔马塔. 中亚文明史（第二卷）［M］. 北京：中译出版社，2017：267.

③ ［古罗马］普林尼. 自然史［M］. 李铁匠，译. 上海：上海三联书店，2018：76.

第二节　迦腻色伽一世时期的货币

一、迦腻色伽一世最初发行的货币

迦腻色伽一世没有发行过阎膏珍时期的二狄纳里金币，最初他也只发行了狄纳里金币和铜币。再后来他才发行了¼狄纳里金币。将迦腻色伽一世发行的货币区分为早期与中晚期的主要依据是，早期钱币上采用希腊语币文，而后来的钱币上为用希腊字母拼写的贵霜语币文。他一生最后发行的钱币上则出现了佛陀与菩萨的纹饰。

迦腻色伽一世早期的钱币是在巴克特拉的造币厂打制的。钱币背面为希腊神祇，包括赫利欧斯（见图4－2）、塞勒涅、赫菲斯塔司，但是其形象并不似希腊式风格。①

注：钱币正面为迦腻色伽一世左向立像，四周为希腊语币文"BACIΛEYC BACI … ΛEWN KANHþKOY"（众王之王，迦腻色伽）。背面为赫利欧斯立像，头顶发光，左侧为族徽，右侧为希腊语币文"HΛIOC"（赫利欧斯）。

图4－2　贵霜迦腻色伽一世狄纳里金币

① ［印］帕尔梅什瓦里·拉尔·笈多. 印度货币史［M］. 石俊志，译. 北京：法律出版社，2018：36.

迦腻色伽一世最初发行的铜币为二德拉克马，钱币背面的神祇只有娜娜女神（见图4-3）和赫利欧斯。

注：钱币正面为迦腻色伽一世左向立像，四周为希腊语币文"BACIΛEYC BACI …ΛEWN KANHþKOY"（众王之王，迦腻色伽）。背面为娜娜女神立像，头顶发光，右侧为族徽，左侧为希腊语币文"NANAIA"（娜娜）。

图4-3 贵霜迦腻色伽一世二德拉克马铜币

二、迦腻色伽一世中晚期的主要金币

迦腻色伽一世时期，贵霜王朝达到鼎盛期。在最初发行的金币之后，迦腻色伽一世的钱币均出自兴都库什山以北的巴克特拉的造币厂和兴都库什山以南的克什米尔的造币厂。与阎膏珍时期不同，迦腻色伽一世时期只发行了狄纳里金币和¼狄纳里金币，而没有二狄纳里金币。在重量上，狄纳里金币的重量仍然延续了8克左右的标准，而¼狄纳里的重量也基本保持在2克左右的标准。

迦腻色伽一世时期的金币，正面多数为君主站立的肖像。而有半身像的¼狄纳里金币，在考量了币文的位置和方向之后，有学者认为应当归属于迦腻色伽二世的。①

钱币上的迦腻色伽一世，戴着和阎膏珍一样的尖帽，留着络腮胡子，一手持着长矛，站在祭坛旁边。在钱币正面，迦腻色伽

---

① ［印］帕尔梅什瓦里·拉尔·笈多. 印度货币史 [M]. 石俊志，译. 北京：法律出版社，2018：36.

一世后来开始放弃使用希腊语，而是采用希腊字母拼写的贵霜语。"众王之王"的尊称也就变为了贵霜语的"þAONANOþAO"（见图4-4）。

注：钱币正面为迦腻色伽一世左向立像，四周为希腊语贵霜文"þAONANOþAO KA NηþKI KOþANO"（众王之王，迦腻色伽，贵霜）。背面为阿尔多克修立像，头顶发光，手持丰饶角，右侧为族徽，左侧为希腊文贵霜语币文"APΔOXþO"（阿尔多克修）。

图4-4 贵霜迦腻色伽一世狄纳里金币

从整体上看，迦腻色伽一世威风凛凛，彪悍威严，体现了贵霜钱币人物纹饰的特色。迦腻色伽一世手持一柄巨大的长矛，被看做是印度—塞种人手中持有的武器。这一点从毛厄斯和阿泽斯的钱币上也可以看到。但是，与印度—塞种人钱币上的戎装像不同的是，迦腻色伽一世的肖像似乎并不是戎装的。因此，还没有更充分的证据说明，贵霜人是由印度—塞种人的诸多政权之一发展而来的。[①] 钱币上迦腻色伽一世的站立的肖像，和出土的迦腻色伽一世像在衣着等方面都非常接近（见图4-5）。

迦腻色伽一世钱币背面的神祇种类，明显比阎膏珍时期增加了许多。希腊系神祇转化为伊朗系神祇，如太阳神弥若、月亮神瑶、风神欧多、战神欧拉诺、动物健康保护神鲁斯泼、火神阿施狩、王者之灵光法罗、智慧女神玛诺巴格、琐罗亚斯德教诸神玛

---

① John M. Rosenfield. *The Dynastic Arts of the Kushans* ［M］. University of California Press，1967：56-57.

图4-5　马图拉（秣菟罗）出土的迦腻色伽一世像

兹达、自然女神娜娜，以及印度女神拉克希米、印度教的湿婆（见图4-6），佛教的佛陀与弥勒等。① 由此看出，贵霜王朝尤其是迦腻色伽一世时期，在宗教上是比较宽容与多元的。

注：钱币正面为迦腻色伽一世左向立像，四周为希腊文贵霜语币文"þAONANOþAO KA... NηþKI KOþANO"（众王之王，迦腻色伽，贵霜）。背面为湿婆立像，四只手臂各拿一件法器，左侧为族徽，右侧为希腊文贵霜语币文"OηþO"（湿婆）。

图4-6　贵霜迦腻色伽一世¼狄纳里金币

① ［印］帕尔梅什瓦里·拉尔·笈多.印度货币史［M］.石俊志，译.北京：法律出版社，2018：36.

三、迦腻色伽一世时期的主要铜币

迦腻色伽一世时期的铜币，主要包括二德拉克马、四德拉克马以及德拉克马等币种。其中，二德拉克马重约 8 克，四德拉克马重 16～17 克，德拉克马重 3～5 克。三种铜币尽管重量在不断变化，但是尺寸几乎没有太大差异。四德拉克马的直径为 25～26 毫米，二德拉克马的直径为 20～21 毫米，德拉克马的直径为 16～18 毫米。铜币的重量出入较大，这也说明，一方面，铜币中金属价值的意味正在逐渐减退，而信用货币的因素正在加强；另一方面，铜币的通货需求加大，因此逐渐减重。

与金币一样，迦腻色伽一世时期的铜币也分为早期和后期两种类型。这两种类型的主要区别是希腊语币文和贵霜语币文。无论是哪一种铜币的正面纹饰，迦腻色伽一世时期都保持了相当的一致性，即君主站在祭坛旁的画面，只不过不同序列的铜币之间还存在细微的差别。而铜币背面的纹饰则是各种神祇。

注：钱币正面为迦腻色伽一世站在祭坛旁，四周为希腊文贵霜语 "þAO KA… NηþKI" （国王，迦腻色伽）。背面为阿施狩神立像，左侧为族徽，右侧为希腊文贵霜语 "AθþO" （阿施狩）。

图 4 - 7　贵霜迦腻色伽一世四德拉克马铜币

　　出土的钱币表明，四德拉克马和二德拉克马铜币，在兴都库什山以北均被发现，但是小额的德拉克马在兴都库什山以北并未被发现（见图4-8）。① 这有可能意味着伴随着贵霜王朝的迁都，其经济中心已经转移到兴都库什山以南。

　　注：钱币正面为迦腻色伽一世站在祭坛旁，四周为希腊文贵霜语"þAO KA...Nηþ KI"（国王，迦腻色伽）。背面为奥多神立像，左侧为族徽，右侧为希腊文贵霜语"OAΔO"（奥多）。

图4-8　贵霜迦腻色伽一世德拉克马铜币

　　在迦腻色伽一世占领克什米尔之后，那里建造了一座造币厂并开始打制铜币。克什米尔生产的铜币，其鲜明的特点在于钱币正面的左侧出现了族徽。这里最初发行的铜币，看上去和西部的造币厂生产的很相似。但是在此之后，这里生产的钱币逐渐独具特色。总体的感觉是，克什米尔的铜币，背面男性神祇，无论是弥若、湿婆还是瑁，提胯的幅度都非常大，身体呈一个明显的曲线状（见图4-9）。

四、迦腻色伽一世钱币上的佛像

　　贵霜人像其他民族一样，很快就吸收了异域文化。他们在阿姆河流域接受了伊朗文明，并开始对佛教信仰表示赞许。此

---

　　① 寅龙. 贵霜王朝及其后继国硬币 ［M］. 自版：138.

注：钱币正面为迦腻色伽一世站在祭坛旁，左侧有族徽，四周为希腊文贵霜语"þAO KA . . . NηþKI"（国王，迦腻色伽）。背面为弥若神立像，左侧为族徽，右侧为希腊文贵霜语"MIIPO"（弥若）。

图4-9　贵霜迦腻色伽一世四德拉克马铜币

外，他们还接触了由伊朗人和印度的希腊人带来的希腊罗马文明。征服印度之后，贵霜人就变成了印度文化和宗教尤其是佛教的重要庇护者。[①] 贵霜王朝的迦腻色伽与孔雀王朝的阿育王、希腊—巴克特里亚王国的米南德并称佛教三大护法王。东晋法显《佛国记》载：

> 从犍陀卫国南行四日，到弗楼沙国。佛昔将诸弟子游行此国，语阿难云："吾般泥洹后，当有国王名罽腻伽，于此处起塔。"后腻伽王出世，出行游观时，天帝释欲开发其意，化作牧牛小儿，当道起塔。王问言："汝作何等？"答曰："作佛塔。"王言"大善。"于是王即于小儿塔上起塔，高四十余丈，众宝校饰。凡所经见塔庙，壮丽威严，都无此比。传云："阎浮提塔，唯此为上。"王作塔成已，小塔即自傍出大塔南，高三尺许。

《佛国记》中记录了迦腻色伽礼佛兴塔的传说。对此，《大唐西域记》也有类似记载。但贵霜人对佛教的贡献并非始于迦腻色伽一世。《魏略·西戎传》载：

---

① ［印］师觉月. 印度与中国［M］. 姜景奎等，译. 北京：中国大百科全书出版社，2018：15.

昔汉哀帝元寿元年，博士弟子景卢受大月氏王使伊存口授浮屠经。

在公元 1 世纪，就已经有贵霜人将来自宫廷的佛经献给了汉朝皇帝。[①]《佛国记》又载：

佛钵即在此国。昔月氏王大兴兵众，来伐此国。欲取佛钵。既伏此国已，月氏王笃信佛法，欲持钵去，故兴供养。供养三宝毕，乃校饰大象，置钵其上，象便伏地，不能得前。更作四轮车。载钵，八象共牵，复不能进。王知与钵缘未至，深自愧叹，即于此处起塔及僧伽蓝，并留镇守，种种供养。

迦腻色伽一世早先并不信奉佛教，他早期发行的钱币上是希腊神、伊朗神、印度神，而没有佛像。扩张战争结束后，迦腻色伽一世以佛教为统一帝国思想的工具。他晚年为了统一信仰，授意佛教界领袖主持了佛教集结。[②] 迦腻色伽一世在宣扬佛教方面的贡献，则集中表现在他促成了佛教历史上第四次结集之大业，这也是佛教史上的最后一次宗教大会。参加大会的约有 500 名高僧，来自印度各地，大会在世友主持下进行，而以波栗湿缚（胁尊者）任指导。[③]

迦腻色伽一世晚年发行的钱币上，第一次出现佛陀的纹饰（见图 4 - 10）。钱币背面的佛陀，头顶硕大的肉髻，象征着佛陀至高无上的智慧；耳朵过分地拉长，象征着他早年过着奢靡的宫廷生活；现在空空如也，表明他决心抛弃世俗的荣华富贵，决心成佛；右手举起与肩齐平施无畏印，左手握僧伽梨；身着

---

① ［印］师觉月. 印度与中国 ［M］. 姜景奎等，译. 北京：中国大百科全书出版社，2018：39.

② 蓝琪. 中亚史（第一卷）［M］. 北京：商务印书馆，2018：257.

③ 李海峰. 四次大结集与佛教文化的发展 ［J］. 中国宗教，2005（5）.

通肩袈裟，衣纹极具厚重感；佛陀兼有双重头光和巨大的身光。① 发源于印度的佛教，以及犍陀罗的佛像艺术、佛塔等，经由贵霜人传到中原东土。

注：钱币正面为迦腻色伽一世左向立像，四周为希腊文贵霜语"þAONANOþAO KA ... NηþKI KOþANO"（众王之王，迦腻色伽，贵霜）。背面为佛陀，手作无畏相，身后与头后有光圈，右侧为族徽，左侧为希腊文贵霜语币文"BOΔΔO"（浮屠）。

图4-10　贵霜迦腻色伽一世狄纳里金币

　　迦腻色伽一世钱币上的佛教形象，出现包括币文为"BOΔΔO"（浮屠）的狄纳里金币，还有币文为"CAKAMAN O BOYΔO"（释迦菩萨）的四德拉克马铜币（见图4-13），以及币文为"MHTPAΓO BOYΔO"（弥勒菩萨）的四德拉克马铜币（见图4-12）。这与迦腻色伽一世时期的犍陀罗雕塑中的佛教形象是相吻合的（见图4-11）。

　　出土于犍陀罗地区的三尊佛像，佛陀的莲花宝座上用佉卢文写着"迦腻色伽五年"，大致是在公元145年。前排从左到右分别为弥勒菩萨（MHTPAΓO BOYΔO）、浮屠（BOΔΔO）与释迦菩萨（CAKAMANO BOYΔO）。所谓菩萨（BOYΔO），是指在

---

① 刘祺．迦腻色伽一世佛像钱币研究［J］．苏州工艺美术职业技术学院学报，2015（1）．

注：左边为弥勒菩萨、中间为浮屠、右边为释迦菩萨。

图4－11 迦腻色伽一世时期犍陀罗佛教三尊佛像

注：钱币正面为迦腻色伽一世左向立像，四周为希腊文贵霜语币文"þAO KA ... NηþKI"（贵霜王）。背面为弥勒菩萨坐像，四周为希腊文贵霜语币文"MHTPAΓO BOYΔO"（弥勒菩萨）。

图4－12 贵霜迦腻色伽一世四德拉克马铜币

历经修行达到觉悟境界的过程中与佛陀最为接近的一种神格。[①]
迦腻色伽一世将佛教的三尊佛像，运用到钱币上，金币为佛陀，

---

① ［日］栗田功. 大美之佛像：犍陀罗艺术［M］. 唐启山，周昀，译. 北京：
文物出版社，2017：42.

而铜币分别为弥勒菩萨与观音菩萨。"BOYΔO"并非贵霜语中"菩萨"的那个词,① 而是"见"的第三人称现在时。钱币上为什么采用这个词,还有待进一步研究。

注：钱币正面为迦腻色伽一世左向立像,四周为希腊文贵霜语币文"þAO KA ... NηþKI"(贵霜王)。背面为释迦菩萨立像,四周为希腊文贵霜语币文"CAKAMANO BOYΔO"(释迦菩萨)。

图 4 - 13　贵霜迦腻色伽一世四德拉克马铜币

此外,贵霜人或中国古人所称的月氏人,在佛教早期向中国的传播中起到了非常大的作用。据季羡林先生考证,汉译中"浮屠"的出现要早于"佛"。梵文"buddha"经过巴克特里亚语(即贵霜语)转译为"boddo",传到中原译为"浮屠";而梵文"buddha"经过中亚西域的小国转译为单音节的"but",传到中原为"佛"。② 与此类似的是,在汉语文献中,"弥勒"的出现要早于"梅呾利耶"。"梅呾利耶"是梵文"meitreya"的汉译,最早可见于唐玄奘所译经文,在此之前的吴支谦、支娄迦谶等所译佛经中均为"弥勒"。季羡林先生考证,"弥勒"应从吐火罗文 A"metrak"音译而来。迦腻色伽钱币上

———————

① 贵霜语中菩萨为 βωδοσατωο,如 ναμωο μητραγο βωδοσατωο(南无弥勒菩萨)。

② 季羡林. 再谈"浮屠"与"佛"[C] //季羡林集. 北京：中国社会科学出版社, 2000：29.

"МНТРАΓО" 发音为 "metrago"，更似在新疆发现的吐火罗文 A 发音，而非梵语发音。而为何 "tra" 发音为［l］，英国语言学家贝利认为，结合许多梵语汉译的实例，可以套用一个音译的公式，即 tr > dr > l。①

第三节　胡维色伽时期的货币

一、迁都马图拉

大贵霜时期的胡维色伽王，在位时间大约在公元 163—197 年（一说公元 155 年至公元 189 年），正处在贵霜的鼎盛时期。但是，此时贵霜的政治中心从印度西北部逐渐向东南部迁移，直至到达马图拉才安定下来。统治中心的一再迁移，反映了贵霜正面临着由北向南的威胁。②

马图拉，古称"秣菟罗"，这里被认为是贵霜王朝的第三个都城。该城位于恒河支流朱木那河的西岸，自然条件优越，自古以来就是沟通犍陀罗、旁遮普和恒河中上游的交通枢纽。③ 玄奘在《大唐西域记》中说秣菟罗：

土地膏腴，稼穑是务。奄度罗果家植成林……出细班毡及黄金。气序暑热，风俗善顺，好修冥福，崇德尚学。

德国考古队于 1960 年对这里的桑科（Sonkh）遗址进行了发掘，除出土了大量的赤陶俑之外，还发现了 120 枚贵霜的钱币，其中有两枚钱币是属于胡维色伽一世的。这一方面证明了

---

① 季羡林. 梅呾利耶与弥勒［C］//季羡林集. 北京：中国社会科学出版社，2000：319.

② 蓝琪. 中亚史（第一卷）［M］. 北京：商务印书馆，2018：258.

③ 庞霄骁. 贵霜帝国的城市与丝绸之路在南亚次大陆的拓展［J］. 西域研究，2017（1）.

秣菟罗地区手工业的发达和商品交易的活跃，另一方面也暗示了贵霜对马图拉的控制可能要相对较晚。① 但钱币的证据也表明，迁都马图拉是在胡维色伽统治的晚期。

与弗楼沙不同，秣菟罗地处恒河流域。这里更能体现出印度文化的特征。从秣菟罗与犍陀罗出土的佛像就可以看出两地不同的艺术风格，犍陀罗的佛像更具希腊风格，而秣菟罗的佛像更具印度风格。

二、胡维色伽时期的币制

公元 2 世纪下半叶胡维色伽时期的钱币，不仅数量庞大而且种类繁多。胡维色伽统治时期，金币主要包括狄纳里和¼狄纳里。狄纳里金币一般都在 8 克左右，但通常都不到 8 克。而¼狄纳里的重量则在 2 克左右。从重量上来看，胡维色伽时期与迦腻色伽一世保持一致。

铜币则经历了一个急剧的变化过程。最初的铜币是按照迦腻色伽一世时期的四德拉克马的币制打制的，重量约为 16 克，但很多时候重量不足 16 克，大约在 13 克。在胡维色伽统治中期，北部造币厂打制的铜币重量减为 6 克，之后又回复到 10 ~ 12 克。而在南部的造币厂早期也打制 16 克的铜币，但是后来也降至 12 克。马图拉的造币厂兴起后，在这里打制的铜币重量约为 10 克。种种迹象表明，胡维色伽时期没有打制小面额的铜币，而是只采取了一种币制。②

通常来讲，金币主要用于大额交易，尤其是在国际贸易中作为一种硬通货，可以在不同国家之间使用。而铜币则多用于日常普通交易。随着贵霜王朝的不断扩张，统一的国家货币需

---

① 庞霄骁.贵霜帝国的城市与丝绸之路在南亚次大陆的拓展［J］.西域研究，2017（1）.

② 寅龙.贵霜王朝及其后继国硬币［M］.自版：161.

要在当地被发行并使用。在迦腻色伽一世所在的公元 2 世纪上半叶，贵霜王朝的势力范围曾一度达到恒河流域。一般而言，作为日常交易的铜币不会在这个国家以外的地方大量流通，根据印度钱币学家的考证，贵霜人进入恒河—亚穆纳河领域的时间大致为：公元 145 年进入马图拉（秣菟罗），公元 145 年至公元 152 年进入科萨姆（憍赏弥），公元 158 年进入阿约提亚（阿逾陀），公元 150 年至公元 163 年进入阿蓝车多罗。[①] 铜币需求量日益增大，可能是导致贵霜铜币重量持续下降的主要原因。

三、胡维色伽时期的主要金币类型

钱币学家 Göbl 认为，胡维色伽时期的金币，共有 25 种类型的正面纹饰，但是 90% 的正面纹饰可以归入四个主要类型中，尽管它们之间有细微的差别。杜维善先生也持类似观点，并提出了以"一盔三冠"的方法区别四种正面肖像。[②] Rosenfield 认为是"两盔三帽"（见图 4 - 14）。钱币的背面大概有 25 种神祇的纹饰。其中，最多的是阿尔多克修，其次是弥若、娜娜、法罗和瑁。

胡维色伽早期的金币，正面是头戴圆顶帽的半身肖像，右手持一个狼牙棒，左手拿一柄短剑。胡维色伽手持的狼牙棒，要比阎膏珍手里拿的短了很多。在这种钱币上，胡维色伽穿的是长袍。半身像下面有山峦（见图 4 - 15）。

在第二组的金币上，正面的君主像改为戴圆形的头盔。头盔上镶嵌着珠宝，头部外面有一圈光环。此时的钱币上，君主左手不再拿短剑，而是长矛，穿着的是一种相当紧凑的衣服，衣服的

---

　① Parmeshwari Lai Gupta, Sarojini Kulashreshtha. *Kuṣāṇa Coins and History* ［M］. D. K. Printword ltd. , 1994：60.

　② 杜维善. 贵霜帝国之钱币 ［M］. 上海：上海古籍出版社，2012：27.

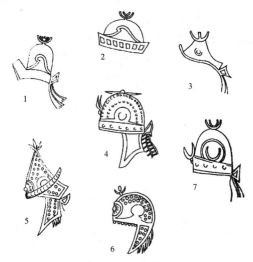

注：1. 阎膏珍的圆柱高帽。2. 迦腻色伽一世的矮帽。3. 迦腻色伽一世和胡维色伽的矮帽。4. 胡维色伽的安息式头盔。5. 胡维色伽、波调和迦腻色伽二世（三世？）的尖帽。6. 胡维色伽的圆盔。7. 胡维色伽的高圆帽①

图4－14　贵霜钱币上君主的头冠

注：钱币正面为胡维色伽左向半身像，四周为希腊文贵霜语"þAONANOþAO …OOηþKI KOþANO"（众王之王，胡维色伽，贵霜）。背面为弥若神立像，头顶光芒，左侧为族徽，右侧为希腊文贵霜语"MIIPO"（弥若）。

图4－15　贵霜胡维色伽狄纳里金币

①　John M. Rosenfield. *The Dynastic Arts of the Kushans*［M］. University of California Press，1967：67－68.

开襟在钱币的正中央，在视觉上形成一个很大的"X"。半身像下面是山峦（见图4－16）。

注：钱币正面为胡维色伽左向半身像，四周为希腊文贵霜语"þAONANOþAO…OOηþKI KOþANO"（众王之王，胡维色伽，贵霜）。背面为琄神立像，头顶光芒，左侧为族徽，右侧为希腊文贵霜语"MαO"（琄）。

图4－16　贵霜胡维色伽狄纳里金币

在第三组金币上，君主的头盔变为一种大三角形的王冠。最引人注目的是他穿着一件相当精致的衣服，整件衣服上都有丰富的花纹，而衣肩上则是火焰状的装饰（见图4－17）。这种游牧民族的衣服式样，在阎膏珍（见图3－18）和迦腻色伽一世（见图4－4）的钱币上也出现过，并且这种服饰也影响了中国古代的服饰。许多学者都认为这种火焰代表了伊朗的皇家幸运之神卡瓦威姆·夸任诺（kavavem khvareno）。① 卡瓦威姆·夸任诺是一种超自然的恩惠，并且以火的形式出现。它是众神天光普照的一部分，也同时照亮了伟大的王子。光是合法统治的护身符，是最终胜利的保证，同时也是雅利安人的一种特殊财富，是被主神阿胡拉·马兹达创造出来战胜非雅利安人的。②

---

① Herzfeld, Zoroaster and His World ［M］. 818; Soper, Artibus Asiae ［M］II (1945), 269.

② John M. Rosenfield. *The Dynastic Arts of the Kushans* ［M］. University of California Press, 1967: 198.

注：钱币正面为胡维色伽左向半身像，四周为希腊文贵霜语"þAONANOþAO OOηþKI KOþANO"（众王之王，胡维色伽，贵霜）。背面为阿施狩神立像，头顶光芒，左侧为族徽，右侧为希腊文贵霜语"AθO"（阿施狩）。

图 4 - 17　贵霜胡维色伽狄纳里金币

第四组金币和第三组的区别在于，正面君主头戴的三角形王冠上，又多了一串珠状饰物（见图 4 - 18）。

注：钱币正面为胡维色伽左向半身像，四周为希腊文贵霜语"þAONANOþAO OOηþKI KOþANO"（众王之王，胡维色伽，贵霜）。背面为阿施狩神立像，头顶光芒，右侧为族徽，左侧为希腊文贵霜语"þAOPHOA"（沙奥里斯罗）。

图 4 - 18　贵霜胡维色伽狄纳里金币

胡维色伽金币上正面的君主像，更加严肃规整，华丽的服饰细节展现无遗。这些服饰和波斯的样式非常接近。我们可以对比一个哈特拉出土的波斯人塑像（见图 4 - 19）。

图 4 - 19　哈特拉出土的波斯人塑像

四、胡维色伽时期的主要铜币类型

相对于金币而言，胡维色伽时期的铜币要粗糙许多。而且流传下来的铜币都磨损严重，说明这些铜币都被广泛流通使用过。

胡维色伽发行的铜币，从正面纹饰而言，可以分为三种主要类型，尽管每种类型中还包含多种带有细微差别的类型。

第一种类型是君主骑象的纹饰。几乎所有的象都是朝向右边的，只有极少数朝向左边（见图 4 - 20）。

第二种类型是君主坐在椅子上。此种类型的君主坐像为"游戏坐"。这是一种很随意的坐姿，在印度教的雕像中，当诸神与妻子们在一起或是欣赏歌舞时，就会采取这种坐姿。这种坐姿的特点是，一腿在椅子上，一腿顺势搭在椅子上（见图 4 - 21）。

第三种类型铜币依然是君主的坐像，但是此时采取的坐姿为"瑜伽坐"（见图 4 - 22）。

注：钱币正面为胡维色伽骑着大象向右，四周为希腊文贵霜语
"þAONANOþAO ... OOηþKI KOþANO"（众王之王，胡维色伽，贵霜）。背面为瑁
神立像，左侧为族徽，右侧为希腊文贵霜语"MαO"（瑁）。

图 4 - 20　贵霜胡维色伽四德拉克马铜币

注：钱币正面为胡维色伽正面坐像，四周为希腊语贵霜文 "þAONANOþAO
OOηþKI KOþANO"（众王之王，胡维色伽，贵霜）。背面为娜娜神立像，左侧为希
腊文贵霜语 "NANA"（娜娜）。

图 4 - 21　贵霜胡维色伽四德拉克马铜币

注：钱币正面为胡维色伽正面坐像，四周为希腊文贵霜语 "þAONANOþAO
OOηþKI KOþANO"（众王之王，胡维色伽，贵霜）。背面为阿尔多克修神立像，左
侧有族徽，右侧为希腊文贵霜语 "APOOXþ"（阿尔多克修）。

图 4 - 22　贵霜胡维色伽四德拉克马铜币

第四节　波调时期的货币

一、亲魏大月氏王波调

在胡维色伽之后继位的贵霜君主是瓦苏提婆（Vasudeva I），中国史籍称他为"波调"，在位时间大约在公元203—233年，而胡维色伽在公元197年去世，其中存在一个6年的未知时间差。《三国志·魏书·明帝纪》载：

癸卯，大月氏王波调遣使奉献，以调为亲魏大月氏王。

魏明帝曹睿，是曹魏第二位皇帝，曹丕之子。《三国志》中所载时间为魏明帝太和三年，即公元229年。

《魏略·西戎传》中所记载的3世纪早期的贵霜是相当强大的："罽宾国、大夏国、高附国、天竺国，皆并属大月氏。"塔克西拉、花剌子模等地都发现了波调的钱币，尤其在花剌子模，其出土钱币为阎膏珍与迦腻色伽时期的两倍之多。①

然而，在西边兴起的波斯萨珊王朝势头猛烈，贵霜王朝的西面受到严重威胁。波调采取"远交近攻"的策略，结盟萨珊西边的亚美尼亚，企图遏制萨珊。公元233年前后，萨珊王朝建立者阿达希尔率军征伐贵霜，巴尔赫、花剌子模沦陷。阿达希尔攻占巴尔赫之后，在此建立了一个总督府，治理该地区，总督称"贵霜沙"，贵霜沙由萨珊王朝统治家族的沙普尔王子担任。波调无力抵抗，遣使讲和，从此贵霜对萨珊王朝称臣纳贡。②

《三国志·魏书·乌丸鲜卑东夷传》载：

---

① 蓝琪. 中亚史（第一卷）［M］. 北京：商务印书馆，2018：258.
② 蓝琪. 中亚史（第一卷）［M］. 北京：商务印书馆，2018：259.

魏兴，西域虽不能尽至，其大国龟兹、于寘、康居、乌孙、疏勒、月氏、鄯善、车师之属。无岁不奉朝贡，略如汉氏故事。

在萨珊军队征伐贵霜之前，波调遣使到中原，应该是希望得到中原汉王朝的帮助。但当时中国正是在三国时期，北方的曹魏已"不能尽至"远在中亚的争端了。

二、从罗马到贵霜

西方强大的罗马帝国，处在丝路贸易的另一端。贵霜人与罗马人应该很早就已经相识，并且自从丘就却时期起，就仿照罗马帝国的钱币打制贵霜的钱币。此后，阎膏珍又用罗马帝国银币的单位"狄纳里"命名自己发行的金币。由此可见，在经贸往来上，两国的联系十分紧密。

大英博物馆藏有这样一枚有趣的纪念章。章的正面为罗马帝国的君士坦丁（Constantine）皇帝，背面为刻着波调钱币风格的贵霜幸运女神阿尔多克修（APOOXþ）的神像（见图4-23）。

阿尔多克修是贵霜王朝钱币上非常重要的一种纹饰。Bailey认为，阿尔多克修是阿维斯塔神中的"A（r）ši - Oaxsho"，是阿胡拉·马兹达的女儿，命运与报偿的天才。[①] 而 Harmatta 则认为阿尔多克修是东伊朗人的水与水汽的女神，大体上和伊朗神中的阿那伊塔（Anāhitā）相当。[②] 无论名字从何而来，从所蕴涵的理念上来讲，阿尔多克修都接近于希腊的命运女神提喀（Tychae）、罗马的命运女神福尔图娜（Fortuna）、印度的吉祥天女拉克希米（Śrī - Lakshmī）。[③]

---

① H. W. Bailey. *Zoroastrian Problems in the Ninth Century Books* [M]. pp. 65ff.

② Janos Harmatta. *Acta Orientalia* [M]. XI (1960), pp. 198 - 199.

③ John M. Rosenfield. *The Dynastic Arts of the Kushans* [M]. University of California Press, 1967：75.

注：正面为君士坦丁皇帝，背面为阿尔多克修。

图4-23　罗马—贵霜纪念章

钱币学家戈比认为，当萨珊王朝有了笈多王朝的帮助，并试图将贵霜王朝置于两面夹击的处境时，在君士坦丁皇帝统治下的罗马认识到贵霜王朝作为萨珊王朝远方的敌人，并且极有可能在远方帮助罗马攻打萨珊。因此，很有可能在君士坦丁继位二十周年的时候，罗马送给了贵霜朝廷各式各样的纪念章，而这种混合风格的纪念章就是在那时被制作的。这种推测的前提是，君士坦丁统治时期和贵霜的波调统治时期在时间上吻合。[①]

后来，戈比又改变了观点。他认为，纪念章是在印度制作的，而且是在一个正规贵霜造币厂铸造的。时间上，它应该是由瓦苏提婆二世（波调二世）在大约公元325年至330年，或许仅仅是在这之后不久（在任何情况下都不晚于公元337年）。[②]

印度学者认为，尽管罗马和贵霜之间贸易联系紧密，但是并不意味着两国在政治上也联系紧密。从考古遗存或文献上来看，都不存在贵霜帮助罗马攻打萨珊，或是罗马企图让贵霜攻打萨珊的证据。纪念章上没有任何东西可以表明它是在罗马的

---

① R. Göbi, Zwei neur Termini fur ein Zentrales〔C〕. Datum der Alten Geschichte Mittelasiens, das Jahr I des Kusankonigs Kaniska, Anzeiger der phillist, Klasse der Osterreicheschen Akademie der Wissenschaften, Jahrgang 1964, So. 7, pp. 149 -51.

② R. Göbi, J. N. S. I.〔J〕, XXXVIII, I, pp. 21 -26.

造币厂（就如戈比在德国报告中推断的一样）或在贵霜的造币厂生产的（他在之后的文章中也有公开提到过）。他提出，贵霜王朝的货币在欧洲的西部和北部都曾被发现。正如同印度人痴迷于罗马货币一样，某一枚贵霜货币可能引起了欧洲某地某人的兴趣，然后这个人在他的纪念章的背面采用了这种贵霜式的纹饰。这枚纪念章可以成为贵霜货币在欧洲被广泛传播使用的证据。①

三、波调时期的主要金币类型

波调时期的金币，分为狄纳里和¼狄纳里两种面值。其中，狄纳里的重量为 8 克左右，¼狄纳里的重量为 2 克左右。金币上的纹饰比较稳定。金币正面的君主为站立像，穿着戎装，面朝左侧，身体向前；右手放在祭坛上，做祭祀状；左手持三叉戟，腰上佩剑；头戴王冠，类似于胡维色伽的尖顶王冠；头后有光圈，这也是继承下来的纹饰传统（见图 4 – 24）。

注：钱币正面为波调的左向立像，四周为希腊文贵霜语 "þAONANOþAO BA . . ZOΔηO KOþN"（众王之王，瓦苏提婆，贵霜）。背面为湿婆神立像，右手持法器，左手持三叉戟，身后为瘤牛，左上侧为族徽，右侧为希腊文贵霜语 "OηþO"（湿婆）。

图 4 – 24　贵霜波调狄纳里金币

---

① Parmeshwari Lai Gupta, Sarojini Kulashreshtha. Romano – Kuṣāṇa Medallion: Nature and Importance [G]. in *Kuṣāṇa Coins and History*. D. K. Printword ltd. , 1994: 111.

波调时期的金币，背面主要的纹饰就是湿婆。湿婆是贵霜人的主神。尽管波调时期金币上主要以湿婆为背面纹饰，但是却充满了变化的类型，包括四臂的、三头的和四臂三头的（见图4-25）。

注：钱币正面为波调的左向立像，四周为希腊文贵霜语"þAONANOþAO BA . . ZOΔηO KOþN"（众王之王，瓦苏提婆，贵霜）。背面为湿婆立像，前面的右手持莲花，后面的右手持法器，前面的左手持水罐，后面的左手持三叉戟，湿婆的生殖器明显勃起。湿婆身后为瘤牛，头向右，戴着铃，右上侧为族徽，左侧为希腊文贵霜语"OηþO"（湿婆）。

图4-25　贵霜波调狄纳里金币

除了背面纹饰为湿婆纹饰的金币外，波调还发行了少量背面纹饰为娜娜女神与婆薮提婆纹饰的金币。[1] 在印度教中，毗湿奴在二分时代末期，化身为黑天，是为了惩罚大地上那些恶魔化身的坏人。黑天出生在秣菟罗（马图拉），所受供奉最多。这位毗湿奴下凡的英雄，名字就叫瓦苏提婆（又译为婆薮提婆，婆薮天）。[2] 波调（瓦苏提婆）的名字，应当是来源于此。

四、波调时期的主要铜币类型

波调时期的铜币，在重量与大小上并没有统一的形制。一方面，铜币重量为8.9~11克，并且是逐渐在减重。另一方面，

---

① ［印］帕尔梅什瓦里·拉尔·笈多. 印度货币史［M］. 石俊志，译. 北京：法律出版社，2018：38.

② ［德］施勒伯格. 印度诸神的世界——印度教图像学手册［M］. 范晶晶，译. 上海：中西书局，2016：44.

铜币的尺寸在 22～25 毫米的直径徘徊。从重量上来看，波调时期的铜币延续了胡维色伽时期后期铜币的重量，并在本朝不断减重。这越来越意味着铜币作为一种法定小额货币，已经和自身价值拉开了距离。

注：钱币正面为波调的立像，四周为希腊文贵霜语"þAONANOþAO BA .. ZOΔηO KOþN"（众王之王，瓦苏提婆，贵霜）。背面为湿婆立像，身后为瘤牛，头向左，戴着铃，右上侧为族徽，左侧为希腊文贵霜语"OηþO"（湿婆）。重约 11.02 克。

图 4 - 26　贵霜波调铜币（四德拉克马?)

波调时期最初的铜币完全按照金币的样式打制。后来的铜币不仅重量减轻，而且直径也减小了。但是波调时期的铜币，背面纹饰，就目前所知，都是湿婆与瘤牛。只是正面的祭坛纹饰上有时会多出一个三叉戟（见图 4 - 27）。这一变化和金币是一样的。

注：钱币正面为波调的立像，四周为希腊文贵霜语"þAONANOþAO BA .. ZOΔηO KOþN"（众王之王，瓦苏提婆，贵霜）。背面为湿婆神立像，身后为瘤牛，头向左，戴着铃，右上侧为族徽。重约 9.28 克。

图 4 - 27　贵霜波调铜币（四德拉克马?)

第五章 贵霜王朝晚期及其后继国的货币

第一节 波斯萨珊王朝的兴起与贵霜王朝的没落

一、波斯萨珊王朝的兴起

波斯阿契美尼德王朝在公元前 330 年被亚历山大大帝征服。此后公元前 247 年，阿尔萨息在波斯故地建立帕提亚王朝，中国史称"安息"。安息王朝在长年与罗马帝国的征战中，自身力量被削弱。安息王朝内部，一些分裂出来的小王国与王朝同时存在。公元 205 年，一位名叫帕佩克的小国统治者在伊斯塔赫尔上台。他去世后，其子阿达希尔于公元 216 年获得了统治权，并且开始把自己的统治扩张到整个波斯地区。阿尔达希尔是琐罗亚斯德教祭司萨珊的孙子，此后他就用"萨珊"这个名字来称自己建立的王朝。①

在控制了波斯的广大地区后，阿达希尔开始了对东方的征服。波斯史学家泰伯里在其巨著《历代先知和帝王史》中记载：

然后他离开沙瓦德，前赴伊斯塔赫，在此先抵锡斯坦，再至古尔甘、阿巴沙、木鹿、巴尔赫和花剌子模，直达呼罗珊边

---

① ［美］米夏埃尔·比尔冈. 古代波斯诸帝国 ［M］. 李铁匠，译. 北京：商务印书馆，2015：83.

境，由此再返回木鹿。他杀死了许多人，并将他们的头颅悬挂在阿纳希德祭火神庙中。他从木鹿返回法尔斯，驻跸与此。贵霜王、图兰王和莫克兰王均派来使臣，表示臣服。

阿达希尔之后，则是沙普尔一世继位。一方面，沙普尔一世西征罗马，获得大胜，使罗马帝国退兵赔款；另一方面，他东征贵霜，也战功显赫。[1] 公元 3 世纪上半叶，在波斯萨珊的不断征伐下，贵霜王朝逐渐走向没落。

二、贵霜王朝的分裂

按照《三国志·魏书·明帝纪》的记载，波调曾遣史曹魏，他很可能是希望中原王朝支持贵霜并与其联合抵抗萨珊的进攻。此时，按照《魏略·西戎传》记载，"罽宾国、大夏国、高附国、天竺国，皆并属大月氏"，似乎巴克特里亚、喀布尔河流域以及印度河流域名义上仍然是贵霜领土。换言之，在波调时期，贵霜还保持着名义上的统一。贵霜可能仅是名义上称臣而已，领土并未丧失。[2] 但一般都认为，波斯萨珊的入侵，结束了贵霜王朝的繁荣昌盛。

公元 180 年前后，印度北部一些地方政权逐渐兴起，贵霜王朝内部也开始不断受到打击。这些地方政权不断驱逐贵霜人，势力扩张到东旁遮普。但是在犍陀罗以及旁遮普的中部和西部，贵霜人依然保持着控制权。[3]

有许多学者赞成波调时期贵霜被一分为二的说法。这主要是因为在波调时期贵霜境内同时存在两种不同的钱币。由于钱

---

① ［匈］哈尔马塔．中亚文明史（第二卷）［M］．北京：中译出版社，2017：463.

② 余太山．贵霜史研究［M］．北京：商务印书馆，2015：90.

③ ［俄］李特文斯基．中亚文明史（第三卷）［M］．北京：中译出版社，2017：152.

币上的君主甲胄具有高度的相似性，可以推知尽管是不同的君主，但仍出自同一个造币厂甚至是同一个工匠之手。他们流通于同一时代，但是地域不同。①

注：此枚金币与波调时期的金币高度相似。钱币正面为君主立像，头向左方，头后有光圈。君主左手持三叉戟，右手在祭坛上做祭祀状，祭坛上有一法器，四周为希腊文贵霜语币文"þAONANOþAO KA … N … ηþKO KOþANO"（众王之王，迦腻色伽，贵霜）。背面为湿婆与瘤牛，湿婆左手持三叉戟，右手持法器，头后有光圈；左边为族徽，右边为希腊文贵霜语币文"OηþO"（湿婆）。

图5-1　贵霜"KANηþKO"狄纳里金币

三、贵霜王朝晚期的世系

贵霜王朝晚期的世系是相当混乱的。目前极为缺乏文字上的资料，可资参考的似乎只有钱币学上的证据。

首先，迦腻色伽一世之后的世系本来就已经相当模糊。前面说过，国内学者有认为，迦腻色伽一世去世后，经历了三王共治时期，此时的三王分别为瓦什色伽、胡维色伽和迦腻色伽二世。瓦什色伽是迦腻色伽一世的儿子，他继承了王位，同时胡维色伽任副王。瓦什色伽去世后，胡维色伽继任国王，而瓦什色伽之子迦腻色伽二世为副王；胡维色伽去世后，迦腻色伽

①　［俄］李特文斯基. 中亚文明史（第三卷）　［M］. 北京：中译出版社，2017：154.

二世继任国王。① 但目前更倾向于认为，迦腻色伽一世王位由胡维色伽继承，而胡维色伽王位则由波调继承。

在此之后的钱币上，我们可以看到不同的君主名字，包括"KANηþKO"（迦腻色伽）"BAZηþKO"（瓦什色伽）"BAZOΔηO"（瓦苏提婆）。他们有可能是"迦腻色伽二世""波调二世"，甚至是"波调三世"，因为他们的钱币和迦腻色伽一世以及波调一世的存在明显的差别。例如，印度学者提出，名字为"BAZOΔηO"（瓦苏提婆）的钱币可以划分为三种类型。第一种是经典的背面为湿婆和瘤牛的纹饰。第二种则在背面多了放在左边的三叉戟。第三种则是正面币文的起点变换了位置，并且在背面多了婆罗米语币文。②

自波调之后，贵霜钱币正面的君主像，出现了较为一致的特征。这较之于大贵霜时期差别很大。由此就会产生这样的问题，在波调之后，是否还有另外的波调二世，甚至是波调三世。在迦腻色伽一世之后，是否还存在迦腻色伽二世以及迦腻色伽三世。真实的历史究竟是什么，恐怕还没有完全的定论。

四、贵霜王朝晚期的货币状况

贵霜王朝晚期，是指大约在公元 230 年之后，至贵霜统治者彻底消失的公元 4 世纪。

贵霜王朝晚期，一个明显的特点就是金币的减重。波调及其之前的大贵霜时期，金币的重量一直保持在 8 克左右，而贵霜王朝晚期，"KANηþKO"（迦腻色伽）的狄纳里金币基本上为 7.71 ~ 7.89 克。"BAZηþKO"（瓦什色伽）的狄纳里金币为 7.81 ~ 7.89 克。"BAZOΔηO"（瓦苏提婆）的狄纳里金币为 7.66 ~ 7.81 克。而三者的¼狄纳里金币的重量基本还维持在 2 克左右。

---

① 黄靖. 贵霜帝国的年代体系 [J]. 中亚学刊Ⅱ，中华书局，1987.

② ［印］帕尔梅什瓦里·拉尔·笈多. 印度货币史 [M]. 石俊志，译. 北京：法律出版社，2018：38.

大贵霜时期的铜币，持续在减重。波调时期铜币重量为8.9～11克，并且是逐渐减重，而铜币的尺寸在22～25毫米的直径徘徊。"KANηþKO"（迦腻色伽）的铜币为6.18～6.82克，直径为17～21毫米。"BAZηþKO"（瓦什色伽）的铜币为4.02～6.15克，直径为17～21毫米。"BAZOΔηO"（瓦苏提婆）的铜币为2.65～4.33克，直径为14～16毫米。

尽管当时的经济依然繁荣，宗教和艺术也相当繁盛，但是由于贵霜王朝失去了大部分国土，经济来源也渐渐收缩。金币减重就说明了对国际贸易主导权的丧失。尽管铜币在生活中仍大量存在，但由于国家资源的渐渐减少，铜币的减重不可避免。

第二节　贵霜王朝晚期的货币

一、币文"KANηþKO"（迦腻色伽）的货币

贵霜王朝晚期，钱币上出现了"KANηþKO"（迦腻色伽）的君王名字（见图5-2）。但是写法不同于迦腻色伽一世的名

注：钱币正面为君主立像，头向左方，头后有光圈；左手持三叉戟，右手在祭坛上做祭祀状，祭坛上有一法器，同时，钱币左侧、立像两腿之间和钱币右侧各有一个婆罗米语币文字母。四周为希腊文贵霜语币文"þAONANOþAO KA … N … ηþKO KOþANO"（众王之王，迦腻色伽，贵霜）。背面为湿婆与瘤牛，湿婆左手持三叉戟，右手持法器，头后有光圈；左边为族徽，右边为希腊文贵霜语币文"OηþO"（湿婆）。

图5-2　贵霜"KANηþKO"狄纳里金币

字"KANηþKI"。人们习惯上称"KANηþKO"为"迦腻色伽二世"，并将其作为波调的继任者，统治时间大约为公元225年（？）至公元245年。

"KANηþKO"（迦腻色伽）的上述钱币，基本上继承了波调钱币的样式，区别在于衣着有所不同。祭坛上面的三叉戟，变为了上下各三叉的戟。钱币背面也多了婆罗米文。

"KANηþKO"（迦腻色伽）的狄纳里金币，还增加了一种阿尔多克修纹饰的类型（见图5-3）。

注：钱币正面为君主立像，头向左方，头后有光圈；左手持权杖，右手在祭坛上做祭祀状，祭坛上有一个三叉戟，同时，左侧和右侧各有一个婆罗米字母。四周为希腊文贵霜语币文"þAONANOþA…O KANηþKO KOþANO"（众王之王，迦腻色伽，贵霜）。背面为阿尔多克修坐在宝座上，手持丰饶角。左边为族徽，右边为希腊文贵霜语币文"APΔOXþO"（阿尔多克修）。

图5-3　贵霜"KANηþKO"狄纳里金币

二、币文"BAZηþKO"（瓦什色伽）的货币

"BAZηþKO"币文，一般认为是瓦什色伽。由于存在一个"22年"的铭文"*rājña vaskuṣāṇa*"，也有人将他认定为在迦腻色伽一世时期任副王。　"28年"的铭文则为"*mahārājasya rajatirājasya devaputrasya sāhi - vaśiṣka*"（大王，众王之王，天子，瓦什色伽王）。但是从钱币学上考察，通常将瓦什色伽作为迦腻色伽二世的继任者。同样，亦如前述，在雕塑铭文中，

"100"又有可能被省略了。总体来说，瓦什色伽的统治时间大约可以比定在公元245—267年。

"BAZηbKO"（瓦什色伽）的狄纳里金币，在很大程度上延续了"KANηbKO"（迦腻色伽）的阿尔多克修纹饰的钱币样式（见图5-4）。

注：钱币正面为君主立像，头向左方，头后有光圈；左手持权杖，右手在祭坛上做祭祀状，祭坛上有一个三叉戟，同时，钱币右侧有一个希腊字母，两腿中间有一个婆罗米字母，左侧有一个佉卢文字母。钱币四周为希腊文贵霜语币文"þAONANOþAO B ... A ZηbKO KOþANO"（众王之王，瓦什色伽，贵霜）。背面为阿尔多克修坐在宝座上，手持丰饶角。左上侧为族徽，右上侧为一个婆罗米字母，右侧为希腊语贵霜文"APΔOXþO"（阿尔多克修）。

图5-4　贵霜"BAZηbKO"狄纳里金币

除此之外，还有一种狄纳里金币，钱币上的名字为"BAZOKOþAN"（瓦苏迦善），与"BAZηbKO"（瓦什色伽）的发音非常接近，通常在钱币上也将其归属为"BAZηbKO"（瓦什色伽）的钱币。但是从类型上来看，更像是前述"KANηbKO"（迦腻色伽）湿婆纹饰的狄纳里金币。

三、币文"BAZOΔηO"（瓦苏提婆）的货币

贵霜王朝晚期出现的币文为"BAZOΔηO"（瓦苏提婆），人们通常认为是波调二世，并且进一步认为他是瓦什色伽的继任者，统治时间在公元268年之后，大约自公元275年至公元300年。

注：钱币正面为君主立像，头向左方，头后有光圈；左手持权杖，右手在祭坛上做祭祀状，祭坛上有一法器，同时，钱币立像两腿之间和钱币右侧各有一个婆罗米字母。四周为希腊文贵霜语币文"þAONANOþAO ... BAZOKOþAN KOþANO"（众王之王，瓦什色伽，贵霜）。背面为湿婆与瘤牛，湿婆左手持三叉戟，右手持法器，头后有光圈。左边为族徽，右边为希腊文贵霜语币文"þAOη"（？）。

图 5 – 5　贵霜"BAZOKOþAN"狄纳里金币

贵霜王朝晚期"BAZOΔηO"（瓦苏提婆）名字的狄纳里金币，很明显继承了币文"KANηþKO"（迦腻色伽）和"BAZηþKO"（瓦什色伽）的样式，但与波调时期的狄纳里金币还是有区别的，包括重量的下降以及婆罗米文标记的出现（见图 5 – 6）。

注：钱币正面为君主立像，头向左方，头后有光圈；左手持权杖，右手在祭坛上做祭祀状，祭坛上有一法器。钱币左侧、立像两腿之间和钱币右侧各有一个婆罗米字母。四周为希腊文贵霜语币文"þAONANOþAO ... BAZΔηO KOþANO"（众王之王，瓦苏提婆，贵霜）。背面为湿婆与瘤牛，湿婆左手持三叉戟，右手持法器，头后有光圈。左边为族徽，右边为希腊文贵霜语币文"OηþO"（湿婆）。

图 5 – 6　贵霜"BAZOΔηO"狄纳里金币

贵霜王朝晚期"BAZOΔηO"（瓦苏提婆）名字的狄纳里金币，也存在阿尔多克修纹饰的类型（见图5-7）。

注：钱币正面为君主立像，头向左方，头后有光圈；左手持权杖，右手在祭坛上做祭祀状，祭坛上有一个三叉戟。同时，钱币左侧、立像两腿之间和钱币右侧各有一个婆罗米字母。四周为希腊文贵霜语币文"þAONANOþAO BA ... ZOΔηO KOþANO"（众王之王，瓦苏提婆，贵霜）。背面为阿尔多克修坐在宝座上，一手持丰饶角，一手持法器。左上边为族徽，右边为希腊文贵霜语币文"APΔOXþO"（阿尔多克修）。

图5-7　贵霜"BAZOΔηO"狄纳里金币

四、贵霜王朝晚期货币的比较研究

我们所指的贵霜王朝晚期的货币，是指在大贵霜时期的波调之后的贵霜王朝钱币。这些钱币的样式很明显与大贵霜时期波调的钱币有承继关系。我们可以将波调时期的背面为湿婆与瘤牛纹饰的钱币称为第一种类型。贵霜王朝晚期的第一种类型的钱币，首先是币文为"BAZOΔηO"（瓦苏提婆）的钱币，与波调时期钱币所不同的是，这种类型钱币上多了婆罗米字母。它不仅出现在正面，有时候背面也存在。①

第二种类型的钱币纹饰和第一种类型一样，但是钱币上的

名字为"KANηþKO"（迦腻色伽）和"BAZηþKO"（瓦什色伽）。第二种类型的钱币上同样有婆罗米文字。

第三种类型的钱币，正面和第二种类型一样，但是背面则是"APΔOXþO"（阿尔多克修）的纹饰。

第四种类型的钱币，与第三种类型的纹饰一样，但是四周的贵霜文被草体字贵霜文取代。这种草体字很难被辨认，但是钱币正面右边的婆罗米文字，可以组成一些单词，如"Ṣaka""Ṣālad""Gaḍahara"。① 这些钱币可以单独构成一个系列。

注：钱币正面为君主立像，头向左方，头后有光圈；左手持权杖，右手在祭坛上做祭祀状，祭坛上有一个三叉戟。同时，钱币右侧有婆罗米字母"Ṣaka"。四周的贵霜语币文为草体。背面为阿尔多克修坐在宝座上，一手持丰饶角，一手持法器。左上边为族徽，右边为希腊文贵霜语币文"APΔOXþO"（阿尔多克修）。

图 5-8　贵霜"Ṣaka"狄纳里金币

表 5-1　　　　　　　　　　　　钱币类型对比

类型	第一种类型	第二种类型	第三种类型	第四种类型
图像				

---

① Parmeshwari Lai Gupta, Sarojini Kulashreshtha. *Kuṣāṇa Coins and History* [M]. D. K. Printword ltd. , 1994：116.

续表

类型	第一种类型	第二种类型	第三种类型	第四种类型
正面王像	全身甲胄	全身甲胄	卡弗丹服	卡弗丹服
贵霜语名字	BAZOΔηO	KANηþKO/BAZηþKO/	KANηþKO/BAZηþKO/ BAZOΔηO	草体
正面左手	持三权杖	持三权杖	持权杖	持权杖
祭坛上	三叉戟	三叉戟	三叉戟	三叉戟
婆罗米文	*ra da, gho/yo, ga*	（1）*ra da, gho/yo, ga* （2）*ha ra, gho/yo, ga* (3) *pri, gho/yo, ga* (4) *vi, tha*	(1) *Vasu, chu, khu* (2) *Vasu, bha* (3) *chhu, tha, vai* (4) *chhu, vi, ga* (5) *vi* (6) *vi, ha*	(1) *Shaka, mi* (2) *Shaka, aya* (3) *Magraor Mishra, ga* (4) *Mahi, mi* (5) *Kipanadha/Shkinatha, bhadra*
背面纹饰	湿婆、瘤牛	湿婆、瘤牛	阿尔多克修	阿尔多克修
币文	OηþO	þAOη/OηþO	APΔOXþO	APΔOXþO

以上四种类型的钱币，似乎可以存在多种解释的可能性。这四种钱币上都出现了婆罗米语，直到后来婆罗米语成为主要币文，存在一个发展承继的关系。因此，可以将前三种类型作为贵霜晚期的钱币的一个整体进行研究。在时间顺序上，如前所述，如果我们比定迦腻色伽二世、瓦什色伽、波调二世的顺序，就应当是迦腻色伽二世首先从波调一世那里继承了湿婆和瘤牛类型的金币，并在金币上加上了婆罗米文。他还开创了阿尔多克修类型的金币。此后的瓦什色伽和波调二世则继承了上述两种类型的金币。

从钱币的纹饰上来看，这四种类型的钱币（实际上第一类和第二类可以归为一类），应该是按照时间的顺序依次发展的，因为币文"KANηþKO"（迦腻色伽）的钱币，更接近波调一世时期，而币文"BAZOΔηO"（瓦苏提婆）的钱币，更接近后世的第四种类型的钱币。换句话说，如果将这些钱币比定为迦腻色伽二世、瓦什色伽和波调二世的钱币，则它们是按照这样的顺序依次发展的，而不是在不同的地区分开发展的。

第三节　贵霜—萨珊的货币

一、贵霜沙

经过了在阿达希尔的征服之后，贵霜王朝的西部成了波斯萨珊王朝统治下的属国。后来成了由萨珊的王子—总督治理的省份。这些王子或总督作为贵霜沙发行过货币。[①] 此后，迦腻色伽时代的大贵霜时期被划分为三个部分：北部由贵霜沙（Kushanshahr）统领，而西南部则划归一个"信德、塞斯坦、土里斯坦远至海岸"的国家，并由沙普尔一世的儿子纳尔西（公元293年至公元303年在位）统治，他的称号是"塞种人王"（sk' nMLK'），犍陀罗和印度河流域的区域，则属于贵霜王朝的领土。[②]

历任贵霜沙的顺序，目前并没有统一的定论，根据钱币学的证据，大致可以做出如下排列：[③]

阿达希尔一世贵霜沙

阿达希尔二世贵霜沙

卑路斯一世贵霜沙

---

① J. Harmatta. Late Bactrian Inscriptions [J]. Acta. Ant. Hung, 1969, 18 (3–4)：286–288.

② ［俄］李特文斯基．中亚文明史（第三卷）　[M]．北京：中译出版社，2017：92.

③ E. Herzfeld, Kushano – Sasanian Coins [G] //*Memoirs of the Archaeological Survey of India*. 1930, 38.

奥尔米兹德一世贵霜沙

卑路斯二世贵霜沙

奥尔米兹德二世贵霜沙

瓦拉赫兰一世贵霜沙

瓦拉赫兰二世贵霜沙

二、贵霜沙时代的货币经济

我们今天仍然可以看到大量的贵霜沙时代的金币和银币，同时也有大量铜币存世。金币的存在说明贵霜沙继大贵霜时期之后，也在进行着广泛的国际贸易。就像前面所说的，金币才是国际贸易的硬通货。尽管波斯萨珊王朝一直和罗马帝国进行战争，但是这并不妨碍贸易的继续。而铜币的存在则说明当地的货币经济持续繁荣，因为铜币是人们日常生活中才会使用到的小额货币。

从地理范围来讲，贵霜沙的领土在巴尔赫，也就是兴都库什山以北的地区。在这里发现了贵霜沙的金币和铜币。金币继续按照贵霜王朝的币制，即重量为不到 8 克的标准打制，而铜币则为 2 ~ 4 克。在兴都库什山以南的呾叉始罗地区，有大量的波调时期的钱币，这说明波调时期贵霜王朝还在统治着这里。呾叉始罗也有波调之后的币文为"KANηþKO"（迦腻色伽）"BAZηþKO"（瓦什色伽）"BAZOΔηO"（瓦苏提婆）的钱币流通，这说明这些贵霜王也曾经在这里进行过统治。所发现的波调时期的钱币，有许多是埋藏在佛教场所的。也许是这里发生了战乱，人们匆忙之下埋藏的。[①]

公元 356 年，沙普尔以白沙瓦为据点，对旁遮普和犍陀罗

---

① ［英］约翰·马歇尔. 塔克西拉［M］. 秦立彦，译. 昆明：云南人民出版社，2002：1141.

的贵霜王朝腹地发动了战争。这次贵霜人经历了一次惨败。考古证据表明，大量贵霜沙和萨珊的钱币涌入。在那段时间里，旁遮普是被波斯人控制的。①

三、出土文献中描述的经济生活：婚姻文书与土地赠予文书

公元 3 世纪，阿富汗北部地区应当属于贵霜沙的领土。尽管波斯人攻略了这片土地，但是当地许多文书依然由贵霜语写就。在阿富汗北部出土的文献中，存在一些标明日期的。据学者考证，这些文书上使用的日期，是贵霜—萨珊纪元，起始于萨珊征服贵霜西部的时间，大致在公元 232 年或公元 233 年。②

出土的文书中，有一份完整的婚姻文书。如下：

（兹于）110 年 Ahrezhn 月 Abamukhwin 日晚，此婚姻契约写于₂Rob 城名为 Steb 的辖区，₃经 Asteb 之自由民，证人（及）（在文件上）盖印者认定，彼等亲见本文件并₄于此签名，未亲见本文件者，签（名）于另一写本，₅（即）当辖区长官 Wind‒ormuzd Kulagan 之面，₆当 Waraz‒ormuzd Khwasrawgan 之面，当 Abdabuk Pabugan 之面，当 Aspal‒mir₇Yolikan 之面，当工匠大师 Bag‒bandag 之面，以及当其他 Steb 自由民，₈证人（与）（在文件上）加盖（自己）印章的人之面。（因而该）声明是自由且自愿的，由（我），Zamod 之子 Bag‒farn，₉以及（我等），Bag‒farn 的亲生儿子 Bab 和 Piduk，他们二人现与₁₀Ninduk Okhshbadugan 一起自由服役——做出。现在：我，Bag‒farn，要求你，₁₁Far‒wesh，和你，Nog‒sanind，以这位名叫 Ralik 的女士，为拥有充分权力的儿媳，₁₂（作为）（我的）儿子们，Bab 和

Piduk 之妻，因此，我 Bag - farn，将[13]把这里记述的名叫 Ralik 的女士视为儿媳，当做儿媳对待，在我们现有的每个家，[14]以及我们将建立的家庭里，都将作为儿媳对待，[15]正如世俗的既定惯例。和（由我们），Bab 和 Piduk 做出的声明。我们接受[16]Ralik——我，Bab，和（我），Piduk——（为）妻，当做妻子对待，在我们现有每个家[17]以及我们将来建立的家里，（当作）拥有权力的女人，正如世俗既定之惯例。[18]我，Bab，和我，Piduk，将无权使另一个（女人）成为（我们的妻子），亦不能[19]占有一个自由的（女人为）妾，而 Ralik 未同意此事；若我，Bab，或我，Piduk[20]使另一个（女人）成为（我们之）妻，或占有一个自由的（女人为）妾，而 Ralik 未同意，那么[21]（我们）将给予皇家财库 20 狄纳里金币，并给予对方同样数量。[22]该声明由（我们）Muzda - wanind 之子 Ninduk、Ninduk 之子 Yamsh - bandag 与 Pap 及 Yat 做出，[23]他们的房屋名为 Okhshbadugan，我们自己请求 Ralik，[24]关于此事，我们一致同意，（我们）将无权——我 Ninduk，我 Yamsh -[25]bandag，我 Pap，以及我 Yat——指派责任和任务给 Ralik，亦不能指派（给）任何将来有 Ralik 生育的孩子。[26]若 Ralik 生育儿子，她将独自拥有，[27]她亦可使他如（他的）祖父和父亲一样自由（履行）义务；[28]若生育女儿，即使父、母及家族同意送出（她），那么[29]他们可以送出她。若我 Ninduk，或我 Yamsh - bangdag，或我 Pap，或我 Yat，未这样做，[30]或若（我们）指派责任和任务给 Ralik，或（我们）如此要求，[31]关于 Ralik 之后代们，（孩子）做我们的婢女或奴隶，而非自由服役[32]如同（它的）祖父和父亲，那么（我们）将给予皇家财库 20 狄纳里金币之罚金，[33]并给予对方同样之数额，我们的要求与争论亦因此无效。[34]嫁妆（包括）一条毛毯、一只枕头、一……、……外衣、一……，[35]两只手镯、两……、三双鞋子、两只

羊、……三量度器［小麦］。36……①

从这份出土文献中我们可以看出，在婚姻文书中，金钱可以作为一种保证存在。一是如果夫再娶妻或是未经妻同意纳妾，则需要向对方支付违约金20狄纳里，并同时支付给政府20狄纳里作为罚金。如果按照当时1狄纳里重7.8克计算，40狄纳里重312克。这个数量在今天也不是一个小数目。

从这份婚姻文书中也可以看到当时一个有趣的婚姻习俗，也就是Ralik嫁给了Bab和Piduk兄弟二人为妻。一妻二夫，并且还不许可再娶妻纳妾，的确是一个不常见的婚姻制度。这种婚姻制度，中国史籍曾认为是嚈哒人的。《周书·异域传下》说嚈哒人"其俗有兄弟共娶一妻"。但有学者考证，这并非嚈哒的婚姻习俗，而是将当地人的习俗误载为此。② 但看来在贵霜沙时期就已经存在。

将20狄纳里金币作为违约金和罚金约定在文书中，似乎是当地经济生活中的一种习惯。还有一则土地赠予文书也有类似的记载：

第157年Drematigan月。此礼品契约写于₂Rob城名为Regan之辖区，当在场之自由民（和）证人之面：₃（即）当Ormuzd Burzaduran之面，当Kusirdakhm领主之面，₄（当）Bag - lad Mashukan（之面），当Malrug居民Far - waraz之面，以及当其他市民之面。₅（那么，该）声明是自由（且）自愿做出。（我）Shar - waninD，Rewgan居民，skakh之子，向你，Yamsh - spal，Yamsh - spal Burkan之子，做出（该）声明。₆现在，我Shar - waninD，有一（块）平整土地，₇我的祖传地产，位于Wadod，这

---

① ［英］尼古拉斯·辛姆斯－威廉姆斯. 阿富汗北部的巴克特里亚文献［M］. 兰州：兰州大学出版社，2014：217－219.

② 余太山. 嚈哒史研究［M］. 北京：商务印书馆，2016：141.

（块）土地名为 Larkad，关于该田地之[8]边界：东、南至河流水源处为界；[9]西至 Yamsh – spal 之地；北至 Istakhirs 居民 Mir – bangdag 的葡萄园。[10]从而，于此所述之土地及邻近之水源，由我（当做）礼物赠送于你[11]Yamsh（ – spal），作为劳务报酬，而我已自你 Yamsh – spal 处收到（我的）礼品的回礼。因此我感到满意且满足，[12]所以，于此所述之土地及邻近之水源将来[13]可以完全归你 Yamsh – spal 所有；你可以拥有（并）占有（它），连同你的儿子和后代们，[14]无要求且无争议，从现在直到永远。若将来任何人——[15]不管是我 Shar – wanind 自己，或我的兄弟们，或我的儿子们，或我的后代们——[16-17]关于上述土地，或关于邻近水源，继续提出要求或与你 Yamsh – spal、你的兄弟们、你的儿子们或你的后代们争论，那么他们的要求[18]和争论将无效，另外，他将支付 20 狄纳里金币给皇家财库，[19]并支付同样数额给对方。（此）文件，此礼品契约，是令人满意[20-21]且有效的，（它）写于此地。由我 Shar – waninde，和于此写有（名字）的证人一起，加盖印章于此礼品契约之上，使之令人满意且有效。[①]

四、贵霜—萨珊的贵霜式货币

贵霜—萨珊的货币，大部分是一种杯子状（cup – shaped）的金币。这些金币将来自波斯萨珊王朝的图案，与贵霜的货币传统混合在一起。[②] 萨珊王朝的货币自成体系。萨珊王朝的货币沿袭了波斯祖先的传统，与安息王朝一样，银币的主要单位为德拉克马，重量约为 4 克，含银纯度较高。金币则与罗马的奥里斯相仿，重量约为 7 克，称为狄纳里。后来罗马帝国发行新

①　［英］尼古拉斯·辛姆斯 – 威廉姆斯. 阿富汗北部的巴克特里亚文献［M］. 兰州：兰州大学出版社，2014：220 – 221.

②　John M. Rosenfield. *The Dynastic Arts of the Kushans*［M］. University of California Press，1967：117.

的金币索利多，萨珊王朝效仿其发行了 4.5 克重的狄纳里金币。萨珊的铜币种类稀少，可以分为两类：第一类是阿达希尔一世和他的继任者发行的，体积较大，外表美观。第二类是体积较小的一种铜币，在沙普尔二世之后，鲜有发行。萨珊王朝银矿匮乏，他们将此前安息王朝的德拉克马银币做坯子，将其锻造成薄片，这样一来此前的币文和纹饰就不见了，之后再用本朝模具打制成新的银币。① 萨珊钱币的正面，通常为君主的半身像，而根据各位君主王冠的不同，可以比较方便地分辨出钱币的归属。钱币背面通常为琐罗亚斯德教的祭坛或是其他宗教场面的纹饰。

贵霜钱币对贵霜—萨珊的钱币也有深远的影响。因为我们可以看到许多源自波调时期的萨珊沙钱币。尤其是波调的湿婆和瘤牛纹饰的钱币，对贵霜沙钱币的影响非常大。

注：钱币正面为贵霜服饰的王，头发为伊朗式。王一手持权杖，一手做祭祀状。钱币正面为希腊文贵霜语币文 "ΩYPOMOZΔO OOZOPKO þAONANOþAO KOþANO"（奥尔米兹德大帝，众王之王，贵霜）。背面为湿婆与瘤牛，但湿婆是有胡子的。

图 5 - 9　贵霜沙奥尔米兹德狄纳里金币

---

① ［英］大卫·赛尔伍德，飞利浦·惠廷，理查德·威廉姆斯. 萨珊王朝货币史［M］. 付瑶，译. 北京：中国金融出版社，2019：10 - 13.

尽管钱币上的"王"的称谓有了变化，服饰也有了变化，湿婆还长出了胡子，但是仍然无法否认它与波调钱币的紧密传承关系。

注：钱币正面为萨珊服饰的王，头戴狮子盔，头发为伊朗式，长长的胡须下面套着一个戒指。王一手持权杖，一手做祭祀状。钱币正面为希腊文贵霜语币文"ΩΥΡΟΜΟΖΔΟ ΟΟΖΟΡΚΟ þΑΟΝΑΝΟþΑΟ ΚΟþΑΝΟ"（奥尔米兹德大帝，众王之王，贵霜）。背面为湿婆与瘤牛，但湿婆是有胡子的。

图 5 - 10　贵霜沙奥尔米兹德狄纳里金币

从这种类型的钱币也可以看出，钱币正面的王像逐渐伊朗化。

注：钱币正面为君主立像，但是头后没有光圈。王一手持权杖，一手做祭祀状。王的肩部为火焰状装饰，头顶一个伊朗式的头盔，头盔有两排珍珠链以及顶上的球羽。王像右边有圣牛标记。四周为希腊文贵霜语币文"ΒΑΓΟ ΟΟΑΡΑΥΡΑΟ ΚΟþΑΝΟ þΑΥΟ"（神，瓦拉赫兰，贵霜沙）。下面有希腊文贵霜语币文"ΒΟΧΡΟ"（巴尔赫）。背面为湿婆与瘤牛，但湿婆是有胡子的。

图 5 - 11　贵霜沙瓦拉赫兰狄纳里金币

第四节　寄多罗—贵霜与笈多王朝的货币

一、大月氏王寄多罗

中国史籍对中亚的记载一直没有中断。《魏书·西域传》载：

大月氏国，都卢监氏城，在弗敌沙西，去代一万四千五百里。北与蠕蠕接，数为所侵，遂西徙都薄罗城，去弗敌沙二千一百里。其王寄多罗勇武，遂兴师越大山，南侵北天竺，自乾陀罗以北五国尽役属之。

根据《魏书》的记载，在公元 5 世纪的时候，有一位名叫寄多罗的大月氏王，因为被北方的蠕蠕（柔然）侵伐，故而向西迁徙至薄罗城。由于中国古人习惯称贵霜人为大月氏，故而，寄多罗王是否为贵霜王也是一个疑问。

从时间上来看，《魏书》中关于西域情况的记载，主要依据是北魏太延年间董琬、高明关于西域的报告。而他们归国的年代是公元 437 年，这应当是寄多罗王相关事迹的时间下限。[①] 公元 230 年前后，萨珊王朝就开始攻伐贵霜王朝的西部领土，并且在当地设置贵霜沙作为地方统领。故而从那时开始，贵霜王朝在兴都库什山以北的势力应当已经逐渐退却。按照《魏书》的记载，寄多罗王居于贵霜（大月氏）国都故地"卢监氏城"，并且兴师越过兴都库什山，攻取犍陀罗以北地区。从这一点来看，他应该不是来自印度河东边的东贵霜人。

此外，寄多罗王也不应是贵霜—萨珊的贵霜沙。因为西方史籍也曾多次提到这个寄多罗王。其中，拉丁作家阿米安努

---

① 余太山. 贵霜史研究［M］. 北京：商务印书馆，2015：101.

斯·马尔塞来努斯记载了公元350年，匈尼特人，即寄多罗人作为萨珊君主沙普尔二世的盟军在叙利亚进行过战斗；希腊作家称其为寄多罗匈人，即"称为寄多罗的匈人"；在印度编年史中称他们为匈那人；在亚美尼亚文献中称他们为匈卡人和贵霜人。[①] 在这些记载中，萨珊王朝并没有将寄多罗看作属国的统领，而是将其与匈奴人等同。

从钱币学证据看，寄多罗人曾短暂在索格底亚那出现过。钱币上有寄多罗名字的，是在撒马尔罕制造的，但是数量很少。他们还仿照萨珊王朝的钱币制造自己的钱币。这时，萨珊王朝有可能是寄多罗国家的宗主国。[②] 但是，寄多罗国在后来应当是攻占了贵霜—萨珊国，因为公元438年前后，萨珊君主伊嗣俟一世继位后，曾表示要"远征东方，再次平定贵霜人的国家"。伊嗣俟一世"突然侵入也被称作贵霜人的匈人的国家，战争持续了两年，却未能征服他们"。这些都被亚美尼亚史籍所载。[③]

此后，由于匈奴人的侵伐，寄多罗王无奈西迁，他应当是丧失了兴都库什山以北巴克特里亚地区和索格底亚那地区的领土，但是还能保有兴都库什山以南的东部领土。《魏书·西域传》载：

小月氏国，都富楼沙城。其王本大月氏王寄多罗子也。寄多罗为匈奴所逐，西徙后令其子守此城，因号小月氏焉。在波路西南，去代一万六千六百里。先居西平、张掖之间，被服颇与羌同。其俗以金银钱为货。随畜牧移徙，亦类匈奴。

总体而言，有学者考证，寄多罗有可能是贵霜之后裔，其

① ［俄］李特文斯基. 中亚文明史（第三卷）［M］. 北京：中译出版社，2017：107.

② ［俄］李特文斯基. 中亚文明史（第三卷）［M］. 北京：中译出版社，2017：109.

③ 余太山. 贵霜史研究［M］. 北京：商务印书馆，2015：102.

王寄多罗有可能兴起于贵霜—萨珊衰落之际，在统一吐火罗斯坦后，兴师南下，征服了犍陀罗以北五国。其后，由于嚈哒人入侵，寄多罗不敌，遂率部西徙。① 由于嚈哒人的阻隔，寄多罗国家一分为二，西部的是大月氏国，都城在薄罗城；寄多罗王的儿子在富楼沙城建都，为小月氏国。

二、寄多罗—贵霜王朝的货币与经济

如前述，《魏书·西域传》载，小月氏国"其俗以金银钱为货"。从考古发现的可以初步被确定为寄多罗国的货币来看，的确是这样的。

寄多罗王朝货币的总体特点是，他们在每个被征服的地区采用当地的货币。因此，目前被发现的可以被称为寄多罗王朝的货币，可以分为四种类型。第一类是寄多罗人在索格底亚那发行的小银币。这些小银币仿照早期索格底亚那的货币设计，正面是脸朝右的统治者头像，并且有索格底亚那文字写的"kydr"（寄多罗）。钱币背面是弓箭手的立像。第二类是在吐火罗斯坦发行的狄纳里金币。这些金币是仿制的贵霜—萨珊王朝的钱币样式。但其渊源则可以追溯到波调时期的湿婆与瘤牛纹饰的金币。寄多罗王朝在吐火罗斯坦发行的金币上，有贵霜语的币文"ΒΑΓΟ ΚΙΔΡΟ OOZOPKO KOþANO þAYO"（神、寄多罗大帝，贵霜沙）。第三类是在犍陀罗及其周围地区发行的萨珊式银币。这些银币的正面是统治者向右或向前的半身像。背面则是萨珊钱币的传统样式——两个站立的人中间有一个火坛。铜币也是这样设计的。这些萨珊式钱币，据推测是造币厂的工匠在寄多罗被嚈哒人赶出吐火罗斯坦，来到犍陀罗地区后制造的。② 第四类是在印度发行的

---

① 余太山. 贵霜史研究 [M]. 北京：商务印书馆，2015：124.

② [英] 约翰·马歇尔. 塔克西拉 [M]. 秦立彦，译. 昆明：云南人民出版社，2002：1142.

狄纳里金币，模仿贵霜波调时期的金币中阿尔多克修纹饰的那一种。但是这些钱币的正面则用婆罗米文标注了统治者的名字。[①]

　　第四类在印度发行的钱币，是包含在一组用婆罗米语书写的"Gadahara"的钱币中（见图 5 - 12）。这组钱币，源自波调时期背面为阿尔多克修的纹饰的狄纳里金币，重量大约为 7.8克。但是钱币上没有贵霜文。"Gadahara"是指一个国王还是一个王朝名并没有明确的答案。"Gadahara"系列钱币有一个共同的特点，就是在正面肖像的手臂下面，都会有另外的婆罗米语铭文，包括"Yasada""Piroz""Kirada"和"Samudragupta"。其中，"Yasada"与"Samudragupta"这两个名字应当属于另一个王朝——笈多王朝。而"Kirada"则广泛被认为是寄多罗，"Piroz"则是"Kirada"的儿子。

　　注：钱币正面为戴着王冠、身着华丽的君主立像，左手持权杖，右手做祭祀状。右边为婆罗米文"Gadahara"，手臂下为婆罗米语币文"kirada"（寄多罗？），左边为婆罗米文"kushana"（贵霜）和"ru"。背面为坐着的阿尔多克修手拿丰饶角。右侧空白处有婆罗米语币文"yasha"，左边有族徽。

图 5 - 12　寄多罗—贵霜寄多罗狄纳里金币

① ［俄］李特文斯基．中亚文明史（第三卷）　［M］．北京：中译出版社，2017：117 - 120.

寄多罗王朝也按照当地的习惯发行铜币。作为日常生活中的小额货币，铜币发行量较大。① 这些铜币在嚈哒人到来前以及到来后的很长一段时间都在流通。②

总体来说，寄多罗人就像丘就却一样，没有意识到铸币的政治意义。也正因如此，绝大多数寄多罗王朝的铜币上并没有统治者的名字。但是寄多罗人的货币系统并没有干扰处于其统治之下的当地人的经济生活，相反形成了有利于保持当地贸易已有传统的有利条件。③

三、笈多王朝

笈多王朝是贵霜王朝衰落之时，从印度的恒河河间地区下部兴起的政权。④ 公元 320 年前后，笈多王朝第一位重要的国王旃陀罗·笈多继位，并开始自称"众王之王"。很明显，这个名字来自贵霜人。

旃陀罗·笈多在继位初期迎娶了栗呫婆人的公主鸠摩罗·德维。栗呫婆人是公元 4 世纪初期统治摩揭陀地区的古老氏族。⑤ 旃陀罗·笈多对这次联姻非常自豪，他发行了一种王与后双人币（见图 5－13）。这说明旃陀罗·笈多他很快就明白了铸币的政治意义。

---

① ［俄］李特文斯基. 中亚文明史（第三卷）［M］. 北京：中译出版社，2017：120.

② ［英］约翰·马歇尔. 塔克西拉［M］. 秦立彦，译. 昆明：云南人民出版社，2002：1137.

③ ［俄］李特文斯基. 中亚文明史（第三卷）［M］. 北京：中译出版社，2017：120.

④ ［俄］李特文斯基. 中亚文明史（第三卷）［M］. 北京：中译出版社，2017：175.

⑤ ［俄］李特文斯基. 中亚文明史（第三卷）［M］. 北京：中译出版社，2017：176.

注：钱币正面为旃陀罗·笈多与鸠摩罗·德维的立像，王与后深情地对视，王的头后有光圈。左边为婆罗米文"Sri Kumaradevi"（斯里鸠摩罗·德维），右边为婆罗米文"Chandra/（gupta）"（旃陀罗·笈多）。背面为女神（杜尔加？）坐在一头卧着的狮子上，手持丰饶角和法器，右边为币文"Lichchhavayah"（栗呫婆人之女）。

图 5 – 13　笈多王朝旃陀罗·笈多一世狄纳里金币

公元 350 年旃陀罗·笈多去世后，沙摩陀罗·笈多继承了王位。沙摩陀罗·笈多在位时，笈多王朝直接的控制区域限于恒河流域，与此同时，沙摩陀罗·笈多同前任国王一样要征服西部的塞种人。[1]

公元 375 年旃陀罗·笈多二世继承了沙摩陀罗·笈多的王位，在位大约 40 年。旃陀罗·笈多二世时是笈多王朝的鼎盛时期，他开始自称"超日王"（Vikramah）。

旃陀罗·笈多二世之后是鸠摩罗·笈多和塞建陀·笈多。公元 467 年塞建陀·笈多去世后，在嚈哒人的反复入侵之下，笈多王朝逐渐走向衰落。此后笈多王朝的历史就不再清晰。公元 6 世纪中叶，笈多王朝最终解体。[2]

---

[1]　［俄］李特文斯基．中亚文明史（第三卷）　［M］．北京：中译出版社，2017：176.

[2]　［俄］李特文斯基．中亚文明史（第三卷）　［M］．北京：中译出版社，2017：178.

四、贵霜金币在笈多王朝的流变

笈多王朝发行了大量金币，以至于每个时代的诗人都把这一现象比喻为"金雨"。① 但这些"金雨"很明显源于贵霜人的金币。更确切地说，源于贵霜王朝波调时期的阿尔多克修纹饰的狄纳里金币。

注：钱币正面为国王左向立像，右手持揭路荼（金翅鸟）权杖，左手持权杖，手臂下有婆罗米文"*Samudra*"（沙摩陀罗），右侧为半圆状婆罗米文。背面为坐在宝座上的拉克希米女神，手持丰饶角和法器。右边为婆罗米文"*Parākramah*"（英勇战士）。

图 5 - 14　笈多王朝沙摩陀罗·笈多狄纳里金币

早期笈多王朝的钱币，正如前述的沙摩陀罗·笈多的金币一样，在重量上与贵霜时期的相仿，为 7.5 克左右。钱币正面的祭祀的国王，与贵霜钱币上的国王非常相似，穿着贵霜王一样的长外套和裤子，但是已经不再戴贵霜人的尖帽，而是改作印度的王冠。贵霜人手中的三叉戟，换成了笈多人手中的揭路荼——这是笈多王朝的族徽。② 钱币上的币文全部改为婆罗米

①　[印] 帕尔梅什瓦里·拉尔·笈多. 印度货币史 [M]. 石俊志，译. 北京：法律出版社，2018：70.

②　[印] 帕尔梅什瓦里·拉尔·笈多. 印度货币史 [M]. 石俊志，译. 北京：法律出版社，2018：70.

语，这一点在贵霜王朝晚期就已经出现。钱币的背面，尽管看上去仍然很像贵霜钱币上的阿尔多克修手持丰饶角，但实际上是印度教的拉克希米——毗湿奴的妻子，也是象征财富的女神。钱币背面不再写神祇的名称，而是写国王的尊称。

　　笈多王朝的金币之源流在于贵霜王波调的阿尔多克修纹饰的金币。但是，笈多王朝在此基础上，发展出了自己非常独特的金币类型。尽管正面仍然是位站立的王像，背面仍然是位坐着的女神，但是钱币纹饰的雕刻更加生动并且富于立体感。在贵霜王朝时期，发达的犍陀罗艺术对贵霜钱币上的纹饰雕刻并未产生实质性的影响，但是在笈多王朝时期，源自马图拉的雕刻艺术，显然对钱币纹饰产生了非常大的影响。从另一个方面来讲，笈多王朝时期，印度教成为国内最重要的宗教，只是与贵霜人崇拜湿婆不同，笈多人更加尊崇印度教中的另一位神祇毗湿奴。笈多王朝钱币的纹饰上未见印度教以外的神祇。印度教的宗教雕刻艺术也因此能够发挥更大的影响。

　　注：钱币正面为舞姿形态国王立像，左手持长弓，右手持箭，身后为揭路茶，上身裸体，下身披印度腰布，并腰佩宝剑。手臂下为婆罗米文 *"Chandra"* （旃陀罗）。背面为结跏趺坐在莲花宝座上的拉克希米女神，手持莲花和法器，右边为婆罗米文 *"Sri Vikramah"* （斯里超日王）。

图 5-15　笈多王朝旃陀罗·笈多二世狄纳里金币

　　笈多王朝的钱币在制作上要优于贵霜钱币，而且更具独创性。[①] 钱币正面并不局限于国王的立像——这也是打破了贵霜王朝晚期金币上王像的传统。许多生动的画面刻画了国王丰富多彩的一面，比如骑战象、猎狮子、猎犀牛，或是骑马。而钱币背面，则大多数为拉克希米的纹饰，但是也远远超出了贵霜钱币上坐在宝座上的女神这种单一的形式。总体而言，贵霜王朝阿尔多克修纹饰的金币，只是在源头上促成了笈多王朝金币的产生，但最终它只是笈多众多钱币样式中的一种而已。

　　注：钱币正面为国王策马猎犀牛。背面为站在伐龙那（*makara*）上的恒河女神，左边为婆罗米文 "*Sri Mahendrakhadga*"。

图5-16　笈多王朝鸠摩罗·笈多一世狄纳里金币

---

　　① ［印］帕尔梅什瓦里·拉尔·笈多. 印度货币史［M］. 石俊志，译. 北京：法律出版社，2018：70.

第六章 镌刻在钱币上的
贵霜王朝历史与文化

第一节 君主与权力

一、翕侯

翕侯，是贵霜王朝统治者最初的名字，这也是他们在钱币上的自称。

"翕侯"是塞种人的一种贵族称谓，类似于中原地区的"王"。最早记载的是乌孙国的"布就翕侯"，约在公元前177年以前不久。康居国也有翕侯，可见于《汉书·陈汤传》（字作"歙"）。在后来的突厥语民族中，也出现过类似的称谓，即"叶护"。在中原地区，早在尧帝时代，也曾出现过类似的称谓。《汉书·五帝本纪》载："乃命羲、和，敬顺昊天，数法日月星辰，敬授民时。"其中，"羲和"的称谓与"翕侯"音似。

贵霜王朝始于贵霜翕侯丘就却攻灭其他四位翕侯。《后汉书·西域传》载：

贵霜翎侯丘就却攻灭四翕侯，自立为王，国号贵霜。

考古发现的"贵霜翕侯丘就却"的钱币，也印证了中国史籍的记载。

表 6 - 1 丘就却钱币上的翕侯[①]

钱币类型	地点	语言	文字	翕侯（属格形式）
仿赫马厄斯	贝格拉姆	犍陀罗语	佉卢文	yavugasa
		印度雅语	佉卢文	yavuǵasya
奥古斯都头像	塔克西拉	希腊语	希腊文	ZAOOY（zaöou）
		犍陀罗语	佉卢文	yaüasa
国王坐像		犍陀罗语	佉卢文	yaüasa
武士	不明	犍陀罗语	佉卢文	yaüsa
"赫利欧斯"	巴克特里亚	希腊语	希腊文	HIAOY（ēiaou） HIAIOY（ēiaiou）

在贵霜翕侯时期的汉朝，"侯"作为一个爵位，通常和地名联系在一起，这意味着被授予"侯"的贵族，与封建制度有关。而《汉书》中提到的汉朝授予西域甚至更远处内亚贵族"侯"这一头衔，则是给这些贵族以尊敬的地位，并主要适用于受匈奴掠夺的这些贵族角色。如辅国侯、击胡侯和安国侯。在《后汉书》中，对这些头衔的使用也有记录，并提及其他头衔，如汉朝授予忠诚的被暗杀的于阗王之子"守节侯"这一头衔。有学者认为，"翕侯"这一称谓，并非地方贵族或地方王侯的意思，而是指与汉朝结盟的游牧国家领袖，汉朝授予此头衔，而且此头衔意为"同盟的贵族"。[②]因此，"翕侯"的含义，可能并不仅仅是贵族称谓，而是代表一种同盟关系。

二、天子

《礼记·曲礼》曰："君天下曰天子。"郑玄注云："天下，

谓外及四海也。今汉于蛮夷称天子，于王侯称皇帝。"在汉人的观念中，"天子"是针对四海蛮夷的称谓，是中原王朝"天下"体系中的最高领袖。

贵霜王朝早在丘就却时期，佉卢文的币文中就出现了"*devaputrasa*"这一称谓，直译是"神之子"，但是更多学者倾向于认为是"天子"的意思。

唐代张守节所作《史记正义·大宛列传》中转万震《南州志》云，月氏"在天竺北可七千里，地高燥而远。国王称'天子'。"由此可见，月氏人自称"天子"已是为中国人所知的。

贵霜人自称"天子"，除了因其祖先来自中国，有效仿中国人的意思之外，还意在说明自己和汉朝是并列的关系。《汉书·西域列传》中明确记载：

最凡国五十。自译长、城长、君、监、吏、大禄、百工、千长、都尉、且渠、当户、将、相至侯、王，皆佩汉印绶，凡三百七十六人。而康居、大月氏、安息、罽宾、乌弋之属，皆以绝远不在数中，其来贡献则相与报，不督录总领也。

由此可见，贵霜在丘就却时期起，实力不断增强，兼并邻国，自此便以自己为中心，也仿效中国建立天下体系。自丘就却时起，历代贵霜统治者均自称"天子"，直到迦腻色伽一世改革货币，统一采用"众王之王"的称谓。这一改变也可能与公元 1 世纪末期贵霜在与东汉的争霸中战败有关。

三、大王

贵霜诸王钱币上经常出现的一个称谓就是"大王"。希腊语币文是"ΒΑΣΙΛΕΩΣ ΜΕΓΑΛΟΥ"、佉卢文币文（拉丁语转译）是"*Maharayasa*"。这个称谓，既是受希腊传统的影响，也是受印度传统的影响。

在希腊化时期，希腊—巴克特里亚王国的统治者就开始自称"大王",如攸克拉提德斯。后来的阿波罗多斯、米南德等均自称"大王",塞种人王阿泽斯一世也自称"大王",远在西边的安息国王米特里达梯二世同样自称"大王"。实际上,称"大王"乃是波斯人的传统,其更远可追溯至波斯的阿契美尼德王朝,甚至更远的古巴比伦王国。但是,具有直接影响力的,还是希腊人钱币上的"ΒΑΣΙΛΕΩΣ ΜΕΓΑΛΟΥ"(大王)。

我们知道,希腊语和梵语同属印欧语系。在印欧语系中有一个共同的词根"maga",也就是"伟大"的意思。在希腊语中,这个词是"μεγαλου"、拉丁语中为"magnus"。在梵语中,类似的词根是"Mahā"。"Mahā"在汉语中常译为"摩诃"。《六祖法宝坛经·般若品第二》中说:"何名摩诃?摩诃是大。""摩诃"在梵语中很常见,例如《摩诃婆罗多》(Mahābhārata)。佛教中,"摩诃"一词更为常见,如"摩诃般若""摩诃迦叶"。在梵语中,"大王"就是"mahārāja"。印度—希腊国王米南德一世的四德拉克马银币正面的希腊语币文"ΒΑΣΙΛΕΩΣ ΣΩΤΗΡΟΣ ΜΕΝΑΝΔΡΟΥ"(国王米南德,救世主),背面的佉卢文币文则为"maharajasa tratara"(大王,救世主)。从这个意义上说,贵霜人也有可能从希腊那里间接地采取了印度人的称号。

四、众王之王

贵霜钱币上最具特色的币文就是"众王之王"。这个币文,希腊语为"ΒΑΣΙΛΕΩΣ ΒΑΣΙΛΕΩΝ",佉卢文(拉丁语转译)为"rajadirajasa",贵霜语为"þAO NANO þAO"。

"众王之王"可以追溯到古巴比伦王国。公元前18世纪,巴比伦王国的汉穆拉比在《汉穆拉比法典》中自称"众王之统治者""众王之神""众王之君主""众王之首"。波斯阿契美尼德王朝的大流士在贝希斯铭文中也称自己为"众王之王"。

在钱币上,最早可以追溯到公元前110年前后,安息国王米特拉达提二世发行的部分钱币上的希腊语币文。亚美尼亚和本都国王都曾受安息影响，在不同的历史语境中自称"众王之王"，并发行相应钱币。① 希腊—巴克特里亚王国中，似乎只有攸克拉提德斯曾在自己的钱币上自称"众王之王"。但是，在当时的塞种人国王毛厄斯、阿泽斯、沃诺内斯的钱币上，也开始采用"众王之王"这个称谓。贵霜王朝自丘就却时起就一直使用这个称谓。

钱币上"众王之王"的称谓无疑自波斯的安息王朝逐渐东传，通过塞种人的钱币，间接影响到贵霜人的钱币。以至于贵霜人之后的贵霜—萨珊钱币、寄多罗—贵霜钱币上也都有这个称谓。这个称谓源自西亚，盛行于西亚、中亚，甚至西域，我们可以将其看作雅利安人伊朗语族的一个特有的政治传统。当一个国家称霸一方时，君主采取这种称谓来昭示自己的帝国势力。

总体来说，钱币上"翕侯""天子""大王""众王之王"等称谓，不能仅仅孤立地看各自国家的内部，同时也要关注这个国家所处的时代及其与邻国的关系。例如，在约公元210年前后的东汉末年，鄯善王童格罗伽也以佉卢文自称"大王，众王之王，伟大的，征服者，具有道法者，王，童格罗伽天子。"只因此时东汉和贵霜王朝已经衰落，东汉势力退出西域，贵霜王朝也无力染指塔里木盆地，故鄯善王才敢如此自称。公元1世纪末到2世纪初，于阗国王以五铢钱和贵霜钱币为范本，发行了汉佉二体钱，其上自称"众王之王"，这说明了在汉佉二体钱铸行时，于阗国并不隶属于贵霜王朝，其与贵霜王朝是一种平等的关系。而于阗国在铸行汉佉二体钱时没有使用原型钱币上"天子"一词，则说明于阗国作为汉朝的属国，不能使用与汉朝皇帝相同的称号。②

① 李潇. 帕提亚"众王之王"钱币的起源、发展及影响 [J]. 西域研究，2019（3）.

② 袁炜. 从汉佉二体钱上佉卢文铭文看于阗国与东汉、贵霜的关系 [J]. 中国钱币，2016（4）.

第二节　语言与文字

一、希腊语

希腊语是古代希腊人的语言，属于印欧语系的一支。古希腊语大体上可以分为四种方言，即南部的多立亚语、北部的埃俄利亚语、爱琴海岛屿和小亚细亚的伊奥尼亚语、雅典的阿提卡语。公元前5世纪下半叶以后，与伊奥尼亚语十分接近的阿提卡语成为一种强势方言，并成为古希腊世界的标准语言。现存大多数古希腊文献都是由阿提卡语写成的。① 中亚地区的希腊语，是在亚历山大大帝征服之后才开始出现的，属于标准希腊语。②

表 6 - 2　　　　　　　　　希腊语字母表

大写	小写	发音	大写	小写	发音	大写	小写	发音
A	α	ă, ā	I	ι	ĭ, ī	P	ρ	r
B	β	b	K	κ	k	Σ	ς, σ	s
Γ	γ	g	Λ	λ	l	T	τ	t
Δ	δ	d	M	μ	m	Y	υ	ŭ, ū
E	ε	ě	N	ν	n	Φ	φ	ph
Z	ζ	ds	Ξ	ξ	ks	X	χ	kh
H	η	ä	O	ο	?	Ψ	ψ	ps
Θ	θ	th	Π	π	p	Ω	ω	ō

---

① 孙周兴. 古希腊语简明教程 ［M］. 上海：海人民出版社，2010：1.
② ［匈］哈尔马塔. 中亚文明史（第二卷）［M］. 北京：中译出版社，2017：388.

贵霜王朝早期的钱币上，继承了希腊钱币的特点，曾以希腊语镌刻币文，包括君主的名字和称号。这是因为希腊化国家曾经在这里存在了两个多世纪。据史料记载，在公元 1 世纪上半叶，蒂亚娜的圣人阿波罗尼奥斯在一路从兴都库什山脉到呾叉始罗的旅途过程中和其他人用希腊语交流没有任何困难。而那里的贵族王公也是接受的希腊式教育。[①] 希腊钱币上常见的币文包括 "ΒΑΣΙΛΩΣ"（国王）、"ΑΝΙΚΗΤΟΥ"（不可战胜的）、"ΔΙΚΑΙΟΥ"（公正的）、"ΝΙΚΗΦΟΡΟΥ"（胜利的）、"ΝΙΚΑΤΟΡΟΣ"（征服者）、"ΕΥΕΡΓΕΤΟΥ"（施恩惠的）、"ΕΠΙΦΑΝΟΥΣ"（显贵的）、"ΣΩΤΗΡΟΣ"（救世主）、"ΑΥΤΟΚΑΓΟΡΟΣ"（独立统治者）、"ΜΕΓΑΛΟΥ"（伟大的）。[②]

在希腊语币文中，就已经存在 "ΒΑΣΙΛΕΩΣ ΒΑΣΙΛΕΩΝ" 这个币文。其中，后面的 "ΒΑΣΙΛΕΩΝ" 是复数属格，是指 "众王的"，前面的 "ΒΑΣΙΛΕΩΣ" 是单数主格，是指 "王"，合在一起，是指 "众王之王"。

二、佉卢文犍陀罗语

佉卢文曾流行于古代印度次大陆的西北部，主要为犍陀罗地区的文字。希腊—巴克特里亚王国的钱币上就已经开始使用佉卢文，一方面，这意味着希腊—巴克特里亚王国包括使用佉卢文和犍陀罗语方言的地区；另一方面，意味着这些语言通过巴克特里亚向中亚传播。[③]

最早被发现的佉卢文可追溯至公元前 251 年，公元 3 世纪时

---

① ［英］尼古拉斯·奥斯特勒. 语言帝国：世界语言史［M］. 章璐等，译. 上海：上海人民出版社，2016：230.

② 李铁生. 古中亚币［M］. 北京：北京出版社，2008：40 - 41.

③ ［匈］哈尔马塔. 中亚文明史（第二卷）［M］. 北京：中译出版社，2017：419.

就已逐渐消失，但在丝绸之路沿途各地仍被使用，可能一直到 7世纪才彻底被遗弃。"佉卢"这个词是音译，因为相传这种文字为印度古代神话传说中的"驴唇仙人"所创，所以又名"驴唇体文书"。佉卢文字是一种元音附标文字，由 252 个不同的符号表示各种辅音和元音的组合，从右向左横向书写。

表 6－3　　　　　　　　　佉卢文字母表

a	go	tra	psa	yu	ṣa
aṃ	gha	tha	pha	ye	ṣi
ā medial	cha	thi	phi	ra	ṣpa
i	chha	the	phthi	raṃ	ṣva
iṃ	ja	da	phre	ri	sha
u	ji	di	ba	ru	shka
e	ju	du	bi	rkhe	sa
o	jha	de	bu	rte	saṃ
ka	jho	dra	bra	rna	si
ki	ça	dha	bha	rma	su
ku	ṭha	dhra	bhe	rva	sta
ke	ḍa	na	bhra	la	stra
kra	ḍi	ni	ma	li	sya
kri	ṇa	no	maṃ	lu	ssa
kre	ṇi	pa	mi	lo	ha
kha	ta	pi	me	va	haṃ
khu	ti	pu	mo	vi	hi
ga	tu	pe	ya	vu	he
gaṃ	te	pra	yaṃ	ve	ho
gu	to	pri	yi	vra	ṃ

贵霜王朝早期的钱币，应当是继承了希腊人双语钱币上的佉卢文传统，在丘就却、维马·塔克托与阎膏珍时期，钱币背面也采用佉卢文书写犍陀罗语。常见的如 "𐨛𐨪𐨗𐨯"（maharajasa，大王）、"𐨪𐨗𐨠𐨁𐨪𐨗𐨯"（rajadirajasa，众王之王），"𐨯𐨪𐨬𐨫𐨆𐨒𐨁𐨭𐨬𐨪𐨯"（sarvalogais-varasa，世界之主），"𐨨𐨱𐨁𐨭𐨬𐨪𐨯"（mahisvarasa，伟大的主）。最后一个币文，即 "𐨨𐨱𐨁𐨭𐨬𐨪𐨯" 的含义存在争议。这是因为佉卢文字母无法表达出长元音，"𐨨𐨱𐨁𐨭𐨬𐨪𐨯" 既可以表示 "mahisvarasa"，也可以表示 "māhisvarasa"，长元音的情况下应释读为 "湿婆崇拜者"，考古发现和题铭也进一步证明了这个观点。①

迦腻色伽一世后，贵霜钱币上不再出现佉卢文。

三、希腊文贵霜语

贵霜语，在语言学上被称为巴克特里亚语，即阿富汗北部巴克特里亚的语言。但是，说这种语言的主要是贵霜人，而不是希腊—巴克特里亚王国的希腊人，因而，本书称这种语言为 "贵霜语"。

贵霜语是印欧语系伊朗语族的语言。因此，它与波斯语、普什图语和其他伊朗、阿富汗语言有关系，与印度的梵语关系较远，与英语和其他欧洲语言则更远。作为贵霜王朝的贵族语言，贵霜语在国内分布较广，其使用范围包括阿富汗，北印度和中亚等地区。在贵霜王朝灭亡后，该语言仍然被继续使用到公元 6 世纪。②

贵霜语产生于何时并没有确切的证据，但是迦腻色伽一世在最初发行了一批有希腊语币文 "BACIΛEYC BACIΛEΩN

① ［匈］哈尔马塔. 中亚文明史（第二卷）［M］. 北京：中译出版社，2017：302.

② ［英］尼古拉斯·辛姆斯－威廉姆斯. 阿富汗北部的巴克特里亚文献［M］. 兰州：兰州大学出版社，2014：779.

KANHþKOY"（众王之王，迦腻色伽）的钱币之后，就决定不再采用希腊语作为币文，而是改用希腊字母拼写贵霜语"þAO NANO þAO KANηþKI KOþANO"（众王之王，迦腻色伽）。

为了使希腊字母适合于贵霜语的语音系统，前者的音值被改变了一些。于是，希腊字母 ει 表示贵霜语中的［ī］，ου 表示贵霜语中的［ū］，σ（ς）除了表示［s］，还表示［ɕ］，此外还增加了一个较为常见的字母 þ，表示［ṣ］。① 币文上的希腊文贵霜语，有尖角和曲式两种，一般钱币上多数用的是尖角式，偶尔有曲式的。尖角式一般容易释读，而曲式则较难释读。曲式的贵霜语书写，在贵霜—萨珊钱币和嚈哒钱币上被广泛采用。②

在贵霜语币文中，最重要的币文就是"þAO NANO þAO"（众王之王），这种币文似乎可以被认为是认定贵霜式钱币的一个标志。

四、婆罗米文梵语

贵霜时代以前，婆罗米文和佉卢文这两种文字以及梵语和各种俗语等文字语言就已经产生，并在印度次大陆高度发展起来。除在使用佉卢文的次大陆西北部以及旁遮普之外，包括马图拉在内的印度次大陆其他地区，则使用婆罗米文书写梵语和除犍陀罗语之外的其他俗语。③

贵霜王朝晚期的钱币上，开始出现婆罗米文字的梵语。这一现象至少说明印度南部文化正在直接影响贵霜的君主们。但

---

① ［匈］哈尔马塔. 中亚文明史（第二卷）［M］. 北京：中译出版社，2017：408.

② 杜维善. 贵霜帝国之钱币［M］. 上海：上海古籍出版社，2012：32.

③ ［匈］哈尔马塔. 中亚文明史（第二卷）［M］. 北京：中译出版社，2017：419.

实际上，婆罗米文字以及梵语对其的影响可能更早。印度学者结合梵语对贵霜钱币上的标记和其他的花押字进行了探索性的研究。①

这些标记都可以化约为下面这个标记。

su　　**vo**

上面这个标记是阎膏珍时期就开始有的贵霜君主钱币上的标记，释读为梵语"śubhah"，是指幸运、快乐、极乐、昌盛。这个标记在笈多王朝时也被使用。

胡维色伽时期，钱币上的标记发生了变化。新的标记可以这样释读。

= (s) + (t) + (yo)

"satyo"是梵语"satyah"，意思是"真理"。

波调时期钱币上的标记，又有了一些变化。

= (s) + (g) + (vo)

①　Sambhu Nath Mondal, *Ancient Indian Coins: Decoding of their Indus – Brahmi Inscriptions with Special emphasis on the Punch – Marked Coins* [M]. Punthi Pustak, 2013: 215 – 219.

"*sagavo*" 是梵语 "*sagavah*"，意思是"与公牛相伴"。

除了上述曾被认为是族徽的标记之外，自丘就却时期起，钱币上就出现了一个所谓"圣牛的足迹"的标记。而阎膏珍时期一枚¼狄纳里金币的背面，则出现了一个很特别的组合，包括一个三叉戟组合与一个圣牛的足迹标记。

这些图案实际上也是字母组合。

$$\text{gho } \hat{\text{i}} \text{ th } / \text{ s } \text{ k } \text{k}\hat{\text{a}}\text{ri } \d{\text{d}}$$

这些字母组合成的梵语为：*gavistha samskârita*。*samskârita* 是指盛装的，*gavistha* 是指公牛。这个组合的意思就是盛装的公牛，是湿婆的象征。

第三节　信仰与宗教

一、追寻大月氏最初的信仰

此前的文献很少有探讨大月氏人的信仰，如果我们认定大月氏人是贵霜人的源头，这一点就是无法回避的。大月氏的源头在中国，在他们来到中亚及印度前，首先应该保持一段本民族的信仰，此后才是受到流传到中亚的波斯宗教的影响。

《史记·匈奴列传》载，匈奴"岁正月，诸长小会单于庭，祠。五月，大会茏城，祭其天地、鬼神。"《史记索隐》引崔浩

注："西方胡皆事龙神，故名大会处为龙城。"由此可知，"请龙"是胡人的宗教活动，举行这个宗教仪式的地点在龙城。①

阿富汗蒂拉之丘墓地出土的公元1世纪初期的墓葬黄金饰品，似乎可以为我们提供一些线索。

如图6–1所示，饰品的主体为一个头戴王冠的君主（女性?），身旁左右各有一条龙，左右手各自握住一条龙的爪，表示驯服之意。两条龙威猛、潇洒，从形态上看，颇有中原龙的特点。《楚辞章句》云，"有鳞曰蛟龙，有翼曰应龙。"中国传统的龙文化中，有翅膀的龙被称为"应龙"。

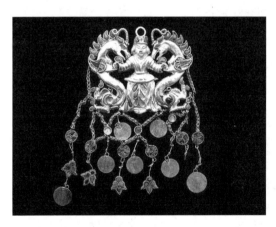

图6–1　蒂拉丘地出土的公元1世纪初的黄金饰品

有翅膀的应龙，产生于商周，兴于秦汉，延续至隋唐。黄金之丘墓主人也正好生活在中国汉朝时期。如果推定墓主人为大月氏人，则可以说，他们从中国的河西走廊迁徙后，将中原的龙文化也带到了中亚。大月氏人最早的信仰与龙有关。但事实真的是这样吗？

---

① 林梅村. 吐火罗人与龙部落 [J]. 西域研究，1997（1）.

如前文所述，大月氏人和攻灭巴克特里亚王国的希腊的塞种人吐火罗部不是一个民族。前文还转述余太山先生观点，认为吐火罗部祖先在中原晋南，古称陶唐氏。《左传·昭公二十九年》："有陶唐氏既衰，其后有刘累，学扰龙于豢龙氏，以事孔甲，能饮食之，夏后嘉之，赐氏曰御龙。"依照《左传》的说法，陶唐氏后裔，姓刘，御龙氏。这里是否可以大胆猜测，御龙氏的后裔，也就是吐火罗部，他们最终迁到了中亚，并且通过黄金饰品记录了祖先的故事。

但此后，龙的形象在贵霜疆域内不再是主流的信仰，御龙传说似乎也没有被传承。这里的原因，一是很有可能御龙族吐火罗部建立的大夏国的确是被大月氏消灭了。二是本地的宗教逐步取代了这里的神话与传说，成为当地人主要的信仰。

二、奥林匹斯神在中亚的流行

也许贵霜人最早接触的钱币上的神祇是希腊人的奥林匹斯诸神。塞琉古国王安条克一世钱币背面为太阳神阿波罗。索格底亚那和巴克特里亚总督狄奥多塔斯独立后，将持闪电的宙斯作为自己钱币背面的纹饰。攸提德谟斯发动政变自立为希腊—巴克特里亚王国的国王后，又采用了赫拉克勒斯作为钱币背面的纹饰。攸提德谟斯的儿子德米特里仍然采用赫拉克勒斯纹饰，而他的另一个儿子安提马克斯则采用波塞冬作为纹饰。安提马克斯的儿子德米特里二世开启了雅典娜的纹饰，并被他的继承人米南德一并继承。再之后，攸克拉提德斯发动政变取得兴都库什山以北的领土后，其发行的钱币背面以狄奥斯库里为纹饰。攸克拉提德斯之子赫利奥克勒斯一世采用了宙斯作为纹饰。

在希腊人之后，中亚的塞种人王国和安息—塞种人王国的钱币上，继承了希腊人的神祇纹饰，如休息状的赫拉克勒斯、手持木棍和狮子皮站立的赫拉克勒斯、坐在宝座上的宙斯、持闪电站立的宙斯、宙斯"胜利者"、胜利女神、雅典娜，等等。同时还引进了一些此前在希腊钱币上未曾出现的希腊神，如赫尔墨斯等。[①]

由于丘就却时期并没有正式确立贵霜式的货币，他完全在模仿塞种人的钱币，以及罗马人的钱币，故而，希腊式的神祇也被保留到贵霜的钱币上。可以说，贵霜人钱币上的纹饰，是以希腊神为起点的。现实生活中，希腊神祇在早期贵霜人的生活中也的确产生了很大的影响。目前我们可以看到在许多出土的贵霜早期的装饰和艺术品中，都有大量希腊神祇的元素。例如，卡尔查延的贵霜庄园房屋的雕刻装饰中，戴王冠的君主及其妻子与胜利女神出现在一起。[②]

三、伊朗神的希腊化

从贵霜语的族属来看，它属于印欧语系的伊朗语族，也就是其与波斯语是较为接近的。尽管贵霜人是公元前140年前后从西域迁到中亚的游牧民族，未必和波斯人有着共同的信仰。但是，波斯阿契美尼德王朝和安息王朝历次重要的攻略与占领，波斯的宗教与信仰也会因此被带到这里。

波斯阿契美尼德王朝的国教是琐罗亚斯德教（中国古称祆教，称琐罗亚斯德为苏鲁支），主神为阿胡拉·马兹达，在善恶二元论中是代表光明的善神。圣火崇拜是琐罗亚斯德教的基本特征。

琐罗亚斯德教的主神阿胡拉·马兹达，在阿契美尼德时期

---

　　① ［意］朱莉阿诺．西北印度地区希腊至前贵霜时代的钱币［G］//［意］卡列宁等．犍陀罗艺术谈ново．上海：上海古籍出版社，2016：72.

　　② ［匈］哈尔马塔．中亚文明史（第二卷）［M］．北京：中译出版社，2017：300.

是以双翼日盘的形式来象征的。① 这种符号化的象征系统，一直持续到安息王朝的宗教图像上。尽管安息王朝也将琐罗亚斯德教视为国教，钱币上出现了祭火坛的图案，却并未见到对神祇的刻画。

图 6 - 2　贝希斯敦摩崖浮雕上的大流士大帝及人首双翼日盘

希腊化艺术带来的是将神祇人格化，用艺术的造型来塑造宗教的偶像。希腊人对此已早有传统，从奥林匹斯诸神到半人半神的英雄，希腊的雕塑艺术都将其完美地展现了出来。早期希腊化的塞种人钱币上的宙斯，可以解释为具有太阳神特点的阿胡拉·马兹达，即希腊雕塑家创造了兼能表达希腊人与塞种人、贵霜人宗教观念的图像。② 贵霜王朝迦腻色伽一世和胡维色伽的钱币上，有多达 14 个波斯琐罗亚斯德教的神祇。波斯众神在贵霜被赋予了希腊化的形象：除了前面说的阿胡拉·马兹达之外，还有月亮神瑉，是充满肌肉的塞勒内；火神阿杜尔的相貌是希腊火神赫菲斯托斯；风神万德的形象等同于希腊风神波

① 孙武军. 阿胡拉·马兹达象征图像源流辨析 [J]. 西域研究，2015（2）.
② ［匈］哈尔马塔. 中亚文明史（第二卷）［M］. 北京：中译出版社，2017：300.

利阿斯；幸运女神阿西斯，面貌来自希腊女神提喀；幸运男神法恩，面貌来自希腊幸运男神赫尔墨斯；公平女神阿斯塔特，面貌来自希腊的阿西娜；胜利女神万尼努德，面貌来自希腊丰收女神尼喀；武士保护神沙河瑞瓦尔，面貌来自希腊战神阿瑞斯；马的保护神杜卢瓦斯帕，性别发生了改变，面貌来自希腊的马神迪奥斯克鲁斯；雨神提尔，也在此改变性别为女神，以希腊女神阿尔忒弥斯的形象出现，与娜娜女神相似；胜利男神瓦赫拉姆，则保持着希腊大力神赫拉克勒斯的形象；而娜娜女神，则借了希腊女神阿尔忒弥斯的形象出现。①

　　希腊化的伊朗神中最为鲜明的例子就是太阳神密特拉。密特拉是古代雅利安人的主神之一，在琐罗亚斯德创教之后，成为主神阿胡拉·马兹达的附属神。在贵霜钱币上，主神阿胡拉·马兹达十分罕见，而密特拉却是十分重要的题材。

　　密特拉是古代雅利安人的共同信仰，在《阿维斯塔》中称"密特拉"，在《吠陀》中称"密多罗"，在贵霜语中称为"MIIPO"（弥若），其形象是从阿波罗那里继承了某些特点。②也可以说，贵霜时期所见的密特拉形象，带有鲜明的希腊罗马文化的特征。③此时，在伊朗本土，并未见到可以确定为密特拉的形象。除此之外，贵霜的密特拉是以太阳神的形象示人，而波斯的密特拉尽管与太阳关系密切，但将密特拉与太阳勘同，却远远晚于贵霜时期。正统的琐罗亚斯德教并无崇尚神像崇拜，

---

　　①　[法]葛乐耐. 驶向撒马尔罕的金色旅程 [M]. 毛铭，译. 桂林：漓江出版社，2016：114 - 115.

　　②　[法]黎北岚. 祆神崇拜：中国境内的中亚聚落信仰何种宗教？ [G]. 毕波，郑文彬，译//荣新江等. 粟特人在中国——历史、考古、语言的新探索. 北京：中华书局，2005：423.

　　③　John M. Rosenfield. *The Dynastic Arts of the Kushans* [M]. University of California Press, 1967：189.

这或许可以作为伊朗与贵霜密特拉不同的一个原因。[①]

　　贵霜王朝的迦腻色伽一世在他最早发行的第一批钱币上采用了希腊太阳神赫利欧斯的形象。但是他在接下来发行的贵霜语钱币上，就将赫利欧斯替换为了弥若，也就是伊朗神中的密特拉。两者形象基本相同，从这个意义上讲，贵霜人将伊朗神进行了希腊化。而在接下来的胡维色伽的钱币上，密特拉（弥若）则以更多的形象展现出来。

ΗΛΙΟC　　　　　　　　　MIIPO

图6-3　迦腻色伽一世钱币上的赫利欧斯和密特拉对照

四、印度神的贵霜化

　　贵霜王朝从阎膏珍确立贵霜式钱币之后，就开始出现了一位非常重要的神祇，钱币上的名字称为"oηþo"。德国语言学家洪巴赫（Helmut Humbach）认为这是《阿维斯塔》以及《吠陀》中的伐郁。但一般来说，学者都认为这位oηþo是印度教中的湿婆（siva）。

　　唐代不空译《十二天供仪轨》载：

　　伊舍那天旧云魔醯首罗天，亦云大自在天，乘黄丰牛，左

---

　　① 张晓贵，毛宝艳. 米罗：贵霜钱币所见的密特拉［G］//丝绸之路研究集刊（第二辑）. 北京：商务印书馆，2018：185.

手持劫波杯盛血，右手持三戟创，浅青肉色，三目愤怒，二牙上出，髑髅为璎珞，头冠中有二仰月，二天女持花。印相者，右手作拳，安腰右；左手五指直竖相著，地水二指屈中节，火风空三指各少相去即成。

"魔醯首罗"即"*mahesvara*"，为湿婆的主要名号之一。[①] "*mahesvara*"曾经在阎膏珍的钱币上以佉卢文的形式出现过 "ꡥꡃꡘꡙꡝꡨ"（*mahisvarasa*）。由此可见，在阎膏珍的钱币上，开始将湿婆作为神祇（持三叉戟站立的及与瘤牛并立的），并且是按照印度的语言（犍陀罗语）来称呼湿婆的。阎膏珍钱币上的湿婆，其形象是借鉴了赫拉克勒斯，尤其是湿婆像赫拉克勒斯拿着狮子皮一样拿着鹿皮。同时，湿婆手中所持的三叉戟，也有可能灵感来自波塞冬手中的三叉戟。[②] 阎膏珍钱币上的湿婆形象，结合了当地许久以来就已经存在的林伽崇拜，特别突出地刻画了湿婆勃起的生殖器。这一点在后来印度教图像中是没有的。

迦腻色伽一世开始对所有的神祇进行贵霜化的改造，其中就包括印度教的湿婆。贵霜语称呼湿婆为"*oŋbo*"。探究其中的意义，有可能是一种发音组合。具体来说，梵语中有一个神圣的音节"ॐ"（唵，ōng），它被认为是世上第一个声音，也是婴儿所发出的一个声音。"ॐ"这个发音和"*oŋbo*"中的"*oŋ*"可能是吻合的。而"*bo*"可能是"*svara*"的略称。贵霜语中的"*oŋbo*"很可能和"*mahesvara*"是同一个意思，都是对湿婆的一种尊崇。

前面说过，阎膏珍的钱币上最先出现了湿婆的形象。这也是贵霜人将神偶像化的结果。据作者目前掌握的资料，在贵霜

---

① 葛维钧. 湿婆和"赞辞之王"[J]. 南亚研究，2003（2）.

② John M. Rosenfield. *The Dynastic Arts of the Kushans* [M]. University of California Press，1967：93.

人之前，还没有出现具体的湿婆绘画或是雕像。贵霜钱币上的湿婆，集中展现了传说中的湿婆形象：与瘤牛相伴，林伽崇拜，手持三叉戟、小鼓、羊、锁套，等等。贵霜钱币上的湿婆，相较于希腊式的神祇形象，更具本土雕刻风格。

表6－4　　　　　　　　贵霜时期钱币背面的湿婆纹饰

统治者	钱币背面纹饰
阎膏珍时期	
迦腻色伽一世时期	
胡维色伽时期	
波调时期	

第四节　贵霜王朝货币史是什么

一、贵霜货币与中亚史

贵霜，始终是一个谜一样的王朝。这个曾经称霸中亚的帝国，从何时开始，到何时结束，历史学家始终没有给出完美的答案。贵霜王朝，就像大多数历史中的王朝一样，没有给自己纪事的习惯，因而也没有文献传世。我们今天能够看到的，只是各种历史遗迹和遗迹上的铭文片段，除此之外，还有贵霜王朝留下来的各种钱币。

由于贵霜王朝地处中亚东西文明交汇的地方，因而这里也就被东西方的其他国家所知晓，并有幸被记录下来。对贵霜王朝记录最多的是中国，中国自先秦至汉魏，都有对月氏人，也就是我们所说的贵霜人的记录。这与正史中特别留意对西域各国，以及更远处国家的调查与记录的传统是分不开的。在西方，从斯特拉博的《地理学》到老普林尼的《博物志》，也多少对月氏人有一些片段性的记录。

然而，贵霜王朝对中亚文明的发展历程的影响则无疑是巨大的。在中亚地区，雅利安人最早征服了这里，并给印度带来了种姓制度和印度的宗教。后来，这里被波斯阿契美尼德王朝征服，并成为波斯帝国的行省，波斯文明最初到达这里。公元前4世纪上半叶，亚历山大大帝的征服，给中亚及西北印度带来了希腊文明，中亚进入希腊化时期。而在此之后的一个世纪，旃陀罗笈多建立的孔雀王朝在阿育王统治期间达到鼎盛，印度本土文化已经开始吸收希腊文明，而表现出自己独特的风格。阿育王崇仰佛教，不仅使印度本土的信仰开始多元化，也使崇尚思辨的希腊人开始学习东方哲学。在各种文明的交汇中，来自中国西域的月氏人征服了这里。再后来，贵霜翕侯建立了自己的帝国，历代统治者开疆拓土，在广泛吸收了东西方文明的基础上，创立了贵霜王朝的文字、宗教、艺术以及货币。

尽管贵霜王朝就像其他庞大的帝国一样，最终也走向了衰亡，但是，贵霜的文字、宗教、艺术及货币又持续影响了数个世纪。贵霜王朝在中亚的影响到中世纪逐渐消亡。但是，当我们如今再次看到贵霜人留下的遗址和各种钱币就像看到其他古代文明一样的时候，除了感慨王朝的兴衰之外，更希望贵霜王朝不再被当代人所遗忘。

二、贵霜货币与艺术史

贵霜王朝在人类艺术史上留下的，是无可估量的文化遗产。

在贵霜王朝境内，我们可以发现四个艺术遗产的中心，即巴克特里亚、阿拉霍西亚与那伽拉哈啦、犍陀罗和马图拉。尽管各地区之间存在着差异，但是它们在政治方面则仍然处于同一政权的治理之下，而这十分有利于各地共同使用不同的艺术文化观念，最终导致在主题、图形、姿势等方面共享资源，从而有可能将贵霜人的艺术视为一个整体。①

月氏人最初所居妫水北监氏城（蓝氏城），此处为巴克特里亚的巴尔赫。卡尔查延出土的公元 1 世纪初期的月氏人王宫遗址中，希腊人写实主义风格的月氏人贵族彩陶像，最为引人注目。同时，这里还发现了湿婆、圣牛南迪与雪山女神的画像。

犍陀罗艺术中的佛陀是个理想化的形象。佛陀赤足站立或是盘腿而坐，阿波罗型的面容，虽然只是无数脸型中的一种，但无疑是为其他脸型提供楷模的最早者。站立的佛陀像可能是模仿希腊神祇或希腊英雄，甚至模仿穿着大披肩或宽外袍的罗马皇帝。② 德国克伦威德尔在《印度佛教艺术》（*Buddhistische Kunst in Indien*）中说："希腊的影响，存在于亚洲地区阿育王时代以来的艺术……实际上，现存的大部分犍陀罗雕刻，是那些完全遵循希腊创作法则的艺术样式的复制品。"犍陀罗艺术尽管

---

① ［匈］哈尔马塔. 中亚文明史（第二卷）［M］. 北京：中译出版社，2017：315.

② ［匈］哈尔马塔. 中亚文明史（第二卷）［M］. 北京：中译出版社，2017：347.

是希腊化的东方艺术形式，但从时间上来说，却是产生于贵霜王朝。

马图拉地处恒河流域，传统上属于印度教流行的地区。马图拉是在大贵霜时期并入贵霜王朝版图的。从艺术上来讲，马图拉早于犍陀罗，持续时间更长。马图拉艺术有其自身独特的风格，尤其是印度本土对人物比例与造型的理解。在马图拉艺术中，印度教、耆那教造像开始产生。可以说，最早的印度教毗湿奴、湿婆、大力魔罗等形象，以及耆那教的神像，都是在贵霜时期的马图拉产生的。

贵霜王朝各个艺术中心所产生的艺术手法与造型，在贵霜王朝的钱币上都有所反映。尤其是诞生于贵霜王朝的神祇造像，构成了贵霜钱币上的万神殿。当然，这些艺术性极高的神祇出现在钱币上，也是为了传达统治者的理念。有学者认为，贵霜钱币将正面设定为君主像，而将各种不同的神祇作为背面纹饰，来自于罗马钱币的启发。[1] 在古代，钱币除了有经济意义之外，其政治意义远高于今天。钱币上的纹饰所象征的主题可以传递大量的理念。

三、贵霜货币与丝路贸易史

贵霜人即月氏人，来自中国。他们虽然为游牧民族，但应当对中国的物产有着更直接的了解。贵霜王朝建立在欧亚通衢要冲，连接东西，在早期丝路贸易中占据地利。在此之前，根据《汉书·西域记》的记载：

自宛以西至安息国，虽颇异言，然大同，自相晓知也。其人皆深目，多须髯。善贾市，争分铢。贵女子，女子所言，丈

---

① John M. Rosenfield. *The Dynastic Arts of the Kushans*［M］. University of California Press，1967：71.

夫乃决正。其地无丝漆，不知铸铁器。及汉使亡卒降，教铸作它兵器。得汉黄白金，辄以为器，不用为币。

而这些地区，很早以前就对中国货物充满了兴趣。《史记·大宛列传》载：

大宛及大夏、安息之属皆大国，多奇物，土著，颇与中国同业，而兵弱，贵汉财物。

至于印度，则很早之前就已经与罗马统治下的埃及有了直接的贸易联系。船队定期从红海出发，穿过印度洋，带着大量罗马金币和银币，在印度西海岸的港口购买印度的宝石、香料、棉花和中国的丝绸。在古吉拉特地区，当地的塞种人政权将输入的罗马银币熔化，并以自己的名义发行新的银币。①

贵霜的第一代君主丘就却，很有可能看到了丝路贸易所带来的巨大利益，抑或是月氏人来到巴克特里亚之后就已经从事丝路贸易，而贵霜翕侯是贸易中的佼佼者。但无论如何，丘就却很有可能为了夺取更多的贸易中心而不断攻伐。"侵安息，取高附地。又灭濮达、罽宾，悉有其国"，《后汉书》中记载了丘就却以来的开疆拓土，而这些地方都曾是古代贸易发达的地方。同时，贵霜人还占领了与西方有贸易往来的印度。《后汉书·西域传》载：

月氏杀其王而置将，令统其人。土出象、犀、玳瑁、金、银、铜、铁、铅、锡，西与大秦通，有大秦珍物。

东汉诗人辛延年的《羽林郎》记录了生活在中原的胡姬被富家公子调戏的故事，而诗歌中特别提到了这样一句：

头上蓝田玉，耳后大秦珠。

贵霜王朝从妫水以北的大月氏王庭监氏城，逐渐扩展到喀

---

① ［英］Joe Cribb, Barrie Cook, Ian Carradice. 世界各国铸币史［M］. 刘森，译. 北京：中华书局，2005：348.

布尔、巴克特里亚、克什米尔，更远至马图拉的其他地区。中亚及印度西北部长年的割据战乱局面，被贵霜的大一统王朝终结。由于贵霜人的存在，导致西方各国的货物逐渐在中原丰富起来，而且贵霜人还将西方的工艺带到中国，生产奇物，相当于如今在中国开办外资企业。这种开放的局面导致了西方许多珍奇物品价格下降。《魏书·西域传》载：

大月氏国，都卢监氏城……世祖时，其国人商贩京师，自云能铸石为五色琉璃。于是采矿山中，于京师铸之。既成，光泽乃美于西方来者……自此中国琉璃遂贱，人不复珍之。

自第三代君主阁膏珍时起，贵霜王朝开始发行金币。如前所述，金币是被用来做国际贸易的。而事实上，金币在国际贸易中也只是在货物集散地中被使用。举例来说，来自东方的商旅，将东方的商品运送到西方，并获取利润。《后汉书·西域传》载，大秦国"与安息、天竺交市于海中，利有十倍"。由此看来，来自东方的商品到了西方，保守地说，"利有十倍"。同样的道理，来自西方的商品到了东方，也应当是"利有十倍"。此时，如果来自东方的商旅在西方卖出商品，带着金币回来，再从东方采买商品卖到西方，显然是不合理的。他们应当是带着西方的普通商品而不是金币回到东方。这样一来，两边都"利有十倍"，就可以利有百倍了。因而，我们可以认为，金币在古代国际贸易中不是商品，它们不会在丝路贸易中大量流动。而金币只是在当地的商品集散地起到一般等价物的职能。

尽管丝绸之路是从长安到罗马，但丝路贸易显然是分段进行的。这一点，既有古代舟行不便的原因，也因为存在国家之间的贸易阻碍。《后汉书·西域记》对此明确记载，大秦国"其王常欲通使于汉，而安息欲以汉缯彩与之交市，故遮阂不得自达"。同时，为了不让汉使甘英到达罗马，安息人还编造了怪诞的谎言："海水广大，往来者逢善风三月乃得度，若遇迟风，亦有二岁者，故入海人皆赍三岁粮。海中善使人思土恋慕，数有死亡者。"由于安息人阻止了中国人到达西方，许多贸易都是在贵霜境内，如呾叉始罗那里完成的。①

通过上面的几点分析，我们可以认为，贵霜王朝境内有多处古代丝路贸易的商业中心，这些商业中心是东西商旅的集散地，他们在这里互市交易，统治者为取其利，发行金币作为本国法定货币。贵霜王朝自建立以来，一直保护商人利益，其立国之根本应该在商业，而不断地开拓疆域，也应该是为了取消国家间的贸易阻碍，并将更多的商业中心纳入帝国版图。

四、贵霜货币与世界货币史

人类货币起源于古代西亚的两河流域。货币是商品交换的媒介，在商品交换中发挥价值尺度和流通手段的职能。货币由商品转化而来。原始的商品交换采用以物易物的方式。随着生产和交换的发展，人们自发地使用各种商品作为交换媒介，并逐步将这些商品归集为一种或几种商品，使其成为一般等价商品，发挥价值尺度和流通手段的货币职能。当一般等价物商品获得了法定的称量标准时，就转化为称量货币。② 称量货币，最初是一定量标准的大麦、谷物，等等。标准化的一般等价物演变为货币，是朝着两个方向发展的。在西方，一般等价物逐渐发展为标准化的贵金属，也就是金币和银币。金币和银币本身具有价值，因此也可以称为实物货币。最早产生于小亚细亚吕底亚的琥珀金币，就是将琥珀金划分为相等重量的单位，每一个钱币也就具有相同的价值。而在东方，据《史记·平准书》载："及至秦中，一国之币分为二等：黄金以溢名，为上币；铜

① ［印］R. 塔帕尔. 印度古代文明 ［M］. 林太，译. 张荫桐，校. 杭州：浙江人民出版社，1990：116.

② 石俊志. 货币的起源 ［M］. 北京：法律出版社，2020：1.

钱识曰半两，重如其文，为下币。而珠玉、龟贝、银锡之属为器饰宝藏，不为币。""溢"（汉朝称"镒"）是重量单位，黄金作为货币，是一种称量货币，而不是数量货币。而铜币采取了"重如其文"的制度，铜币由国家规定其价值，因此这种钱币属于法定货币，在本质上和我们今天的纸币是相同的。铜币和黄金之间，并没有固定的价格，而是"以其二千石官治所县十月金平贾"（《金布律》），采取一种浮动的市场价格机制。① 这样的结果使东西方之间的货币经济，出现了很大差异。在西欧，领主或商人们之间用银币进行交易，与在农村以商品货币或者银所表示的"物物交换"之间存在背离的倾向；与此不同的是，在中国不拥有金银币而只有铜钱，具有使农民通货使用的频度更加密集的倾向。而实际的情况就是，地中海、西欧世界侧重于向地域间结算通货倾斜，中国则偏向本地通货。②

　　从世界货币史的大背景去观察，贵霜的金币属于实物货币。贵霜金币属于西方的货币系统。而无论从重量还是价值等方面的特点来讲，贵霜金币的直接源头似乎可以认为是罗马的金币。而贵霜的铜币，同样也源自西方，它被用于小额交易，在形制上不稳定。

　　从钱币学的角度来看，贵霜的货币，源头是希腊化国家的货币。贵霜的金币继承了一面为王像、一面为神祇的基本规则，同时也继承了钱币正面为君王尊号的规则。尽管贵霜钱币上的纹饰，不如希腊人钱币那样写实与精美，但是也仍然采取了浮雕的艺术手法。同时，贵霜钱币还吸取了印度钱币上标注各种神秘符号的方法，在钱币上广泛使用各种符号、花押字。希腊人钱币上的符号，通常是造币厂的符号，罗马人的钱币也是如

---

① 石俊志. 中国古代货币法二十讲［M］. 北京：法律出版社，2018：35.
② ［日］黑田明伸. 货币制度的世界史——解读"非对称性"［M］. 何平，译. 北京：中国人民大学出版社，2007：55.

此。而到了拜占庭时代，罗马人才开始将各种神秘的花押字镌刻在钱币上。

　　尽管贵霜王朝只存在了三百年左右，但是，贵霜人设计的金币，在其后继国中仍然被继续使用并发展。可以说，希腊式钱币通过贵霜人在东方持续流通了近八百年的时间。

附　录

一、年表

时间	西方	中亚	东方
约公元前4200年	塞种人向东迁徙至西亚、中亚及中国，最远到达中原腹地山西		
公元前4000年至公元前3000年			部分迁徙到中国的塞种人陆续从中原腹地迁出，居住到西域
公元前771年			犬戎攻入镐京，西周结束
公元前623年			秦穆公称霸西戎，拓地千里，或因此引起了塞种人诸部落西迁
公元前546年至公元前539年		波斯阿契美尼德王朝居鲁士先后征服了东部伊朗和中亚的许多地区：巴克特里亚（大夏）、马尔吉安那、花剌子模、索格底亚那、格德罗西亚、萨塔吉地亚、阿拉霍西亚、德兰吉安那、萨克人的地区、阿富汗等地，其统治范围在东方接近了印度河流域和帕米尔高原的西部地区	

续表

时间	西方	中亚	东方
公元前 336 年至公元前 320 年	亚历山大大帝继位开始征服波斯	亚历山大大帝征服中亚地区；中亚塞种人和大流士三世结盟抵抗亚历山大大帝的军队	
公元前 305 年	塞琉古一世建立塞琉古王朝；托勒密一世建立托勒密王朝		
公元前 3 世纪			月氏出现在河西走廊一带。这是月氏的第一次西迁
公元前 247 年	中亚伊朗语族的帕尼部落酋长阿萨息斯一世占领帕提亚地区，建立了帕提亚帝国，即安息王朝		
公元前 246 年		索格底亚那和巴克特里亚总督狄奥多塔斯独立	
公元前 230 年		攸提德谟斯篡位成为希腊—巴克特里亚王国国王	
公元前 221 年			秦统一中国，铸半两钱
公元前 202 年			西汉建立，高皇帝刘邦
公元前 190 年		德米特里继位希腊—巴克特里亚王国国王	
公元前 180 年至公元前 157 年			孝文皇帝刘恒在位

时间	西方	中亚	东方
公元前 177 年或公元前 176 年			大月氏为匈奴所破，西徙塞地，逐走塞王
公元前 171 年		攸克拉提德斯夺取了巴克特里亚的政权	
公元前 157 年至公元前 141 年			孝景皇帝刘启在位
公元前 141 年			孝武皇帝刘彻继位
公元前 140 年		塞种人吐火罗部攻灭希腊—巴克特里亚王国，建立大夏国	
公元前 127 年			卫青出击匈奴，设朔方郡
公元前 129 年		汉使张骞抵达大夏国，但其时已被大月氏征服	
公元前 115 年			铸五铢钱，汉币制至此始定
公元前 1 世纪初		塞种人毛厄斯占领罽宾	
公元前 88 年	安息东部苏伦家族崛起，驱赶了为患王国东部的月氏人和印度—塞种人		
公元前 87 年			孝武皇帝刘彻去世，孝昭皇帝刘弗陵继位

续表

时间	西方	中亚	东方
公元前 60 年			设西域都护
公元前 1 世纪中叶		希腊王子阴末赴联手汉人从塞种人手中夺回罽宾领土	
公元前 58 年至公元前 18 年	沃诺内斯统治乌弋山离		
公元前 31 年	屋大维在亚克兴角战役的胜利开启了罗马帝国时期的货币史，奥古斯都（屋大维）开始牢牢掌握着金币和银币的发行权。在此基础上，他意欲与元老院共享青铜币的发行权。钱币上相应地标记了字母"SC"（经元老院批准）		
？—公元前 12 年		乌弋山离国王阿泽斯吞并罽宾，塞种人推翻了希腊—印度王国	
公元前 2 年			大月氏王使伊存口授浮屠经
公元 1 世纪初		大月氏攻灭印度—塞种人国家	
公元 8 年			王莽夺取西汉政权，改国号新
公元 14 年至公元 37 年	提比略为罗马帝国皇帝		

时间	西方	中亚	东方
公元 20 年		苏伦家族的贡多法勒斯宣布脱离安息独立，建立了印度—安息王朝	
公元 24 年		贵霜翕侯丘就却兴起，开始攻灭其他四翕侯	
公元 25 年			东汉建立，光武帝刘秀登基
公元 30 年之前		英德拉瓦尔马为印度—安息王国塔克西拉的总督	
公元 45 年		贵霜翕侯丘就却灭大月氏国，称贵霜王	
公元 48 年			匈奴分裂为南北
公元 41 年至公元 54 年	克劳狄乌斯为罗马帝国皇帝		
公元 63 年	尼禄货币改革		
公元 69 年至公元 96 年	罗马帝国进入弗拉维王朝		
公元 73 年			班超出使西域
约公元 75 年		贵霜第二任君主维马·塔克托继位	
公元 87 年			贵霜向汉朝进献
公元 90 年			贵霜攻击东汉，被班超击败
公元 94 年			班超平定焉耆，西域五十余国纳贡称臣

时间	西方	中亚	东方
公元97年	班超派甘英出使大秦，至息西界而还		
公元98年至公元117年	图拉真为罗马帝国皇帝		
公元105年		贵霜第三任君主阎膏珍继位	
公元140年		贵霜第四任君主迦腻色伽一世继位	
公元163年		贵霜第五任君主胡维色迦继位	
公元166年	大秦王安敦遣使自日南徼外献象牙、犀角、瑇瑁		
公元180年开始		印度北部一些地方政权逐渐兴起，贵霜王朝内部也开始不断受到打击	
公元184年			张角领导黄巾起事
公元203年		贵霜第六任君主波调继位	
公元216	阿达希尔一世建立萨珊波斯王朝		
公元220年			曹魏建立
公元229年		大月氏王波调遣使奉献，"以调为亲魏大月氏王"	

续表

时间	西方	中亚	东方
公元 225 年（?）至公元 245 年		迦腻色伽二世（三世?）在位	
公元 232 年或公元 233 年		贵霜—萨珊纪元	
公元 245 至公元 267 年		瓦什色迦在位	
公元 256 年	波斯萨珊侵略罗马帝国		
公元 265 年			西晋建立
公元 275 年至公元 300 年		波调二世（?）在位	
公元 320 年		笈多王国第一位重要的国王旃陀罗·笈多继位	
公元 350 年	寄多罗—贵霜人作为萨珊君主沙普尔二世的盟军在叙利亚进行了战斗		
公元 356 年		萨珊波斯人侵入贵霜腹地	

附表　　　　　　　**贵霜王朝历史年表**

贵霜王朝早期（公元 24 年至公元 140 年）	
公元 24 年	贵霜翕侯丘就却兴起
公元 45 年	贵霜翕侯丘就却灭大月氏国，称贵霜王
公元 75 年至公元 105 年	贵霜王朝第二任君主维马·塔克托在位
公元 105 年至公元 140 年	贵霜王朝第三任君主阎膏珍在位

续表

大贵霜时期（公元 140 年至公元 225 年）	
公元 140 年至公元 163 年	贵霜王朝第四任君主迦腻色伽一世在位
公元 163 年至公元 203 年	贵霜王朝第五任君主胡维色迦在位
公元 203 年至公元 225 年	贵霜王朝第六任君主波调在位
贵霜王朝晚期（公元 225 年至公元 300 年）	
公元 225 年（?）至公元 245 年	迦腻色伽二世（三世?）在位
公元 245 年至公元 267 年	瓦什色迦在位
公元 275 年至公元 300 年	波调二世（?）在位

二、货币史大事记

公元前 336 年	亚历山大大帝继位后，开始发行亚历山大的希腊式钱币
公元前 296 年	塞琉古一世开始以自己的名义发行希腊化国家塞琉古王国的钱币
公元前 246 年	狄奥多塔斯开始发行独立后的希腊—巴克特里亚王国的钱币。希腊币制采用的是阿提卡标准。金币为斯达特，8.48 克，包括四斯达特、斯达特和¼斯达特三种。1 斯达特在重量上等于 2 德拉克马，在价值上，金、银兑换比为1:48。银币基本货币为四德拉克马，重 16.96 克。银币还包括德拉克马、½德拉克马和奥波。在价值上，6 奥波 = 1 德拉克马。铜币的基本货币为二查柯，重 8.48 克。铜币还包括六查柯、三查柯与查柯
约公元前 190 年	德米特里一世开始发行有印度特征的钱币
约公元前 180 年	德米特里一世开始发行有佉卢文的双语钱币
约公元前 156 年	阿波罗多斯一世开始发行印度标准的德拉克马。金币为斯达特，重 8.48 克。金币除了斯达特，还有⅛斯达特。印度标准银币的基本货币为四德拉克马，重 9.68 克。银币还包括德拉克马、½德拉克马。铜币的基本货币为二查柯，重 5 克左右。铜币还包括八查柯、四查柯与查柯。在价值上，8 查柯 = 1 奥波

公元前 20 年	出现所谓大月氏人货币
约公元 25 年	丘就却时期的货币，币制并不统一。在兴都库什山以北托名的"贵霜翕侯"（"赫利欧斯"银币）四德拉克马银币，重量为15 克左右。而以赫马厄斯名义发行的四德拉克马银币，从材质上看应该属于铜币，采取减重的印度标准，大致为 7 克
约公元 75 年	维马·特克托时期货币，币制并不统一。流通于犍陀罗地区的一类钱币为四德拉克马银币，印度标准，重约 10 克。流通于兴都库什山以北的巴克特里亚地区的钱币，其重量约为 12.52 克，似乎是减重的希腊阿提卡标准。流通范围最广的是含银量很低的铜币，其中四德拉克马的重量不到 9 克，德拉克马的重量大约为 2.2 克
约公元 105 年	阎膏珍时期货币，贵霜式货币系统正式建立。阎膏珍时期开始发行的金币狄纳里，采用的是奥古斯都时期的标准，即 1/40 罗马磅，实际重量为 7.95 克。阎膏珍发行的金币，包括 15.5 克左右的二狄纳里，7.95 克的狄纳里，以及 2 克左右的¼狄纳里
约公元 140 年	迦腻色伽一世时期货币，开始采用贵霜语。迦腻色伽一世时期只发行了狄纳里金币和¼狄纳里金币，而没有二狄纳里金币。在重量上，狄纳里金币的重量仍然延续了 8 克左右的标准，而¼狄纳里的重量也基本保持在 2 克左右的标准。迦腻色伽一世时期的铜币，主要包括二德拉克马、四德拉克马以及德拉克马币种。其中，二德拉克马重约 8 克，四德拉克马重 16～17 克，德拉克马重 3～5 克
约公元 164 年	胡维色伽时期货币。金币主要包括狄纳里和¼狄纳里。狄纳里金币一般都在 8 克左右，但通常都不到 8 克。而¼狄纳里的重量则在 2 克左右。从重量上来看，胡维色伽时期与迦腻色伽一世保持了一致。铜币则经历了一个急剧的变化过程。最初的铜币是按照迦腻色伽一世时期的四德拉克马的币制打制的，重量约为 16 克，但很多时候重量不足 16 克，在 13 克左右。在胡维色伽统治中期，北部造币厂打制的铜币重量减为 6 克，之后又回复到 10～12 克。而在南部的造币厂早期也打制 16 克的铜币，但是后来也降至 12 克。马图拉的造币厂兴起后，在这里打制的铜币重量约为 10 克。种种迹象表明，胡维色伽时期没有打制小面额的铜币，而是只采取了一种币制

续表

约公元 203 年	波调时期的金币，分为狄纳里和¼狄纳里两种面值。其中，狄纳里的重量为 8 克左右，¼狄纳里的重量为 2 克左右。波调时期的铜币，在重量与大小上并没有统一的形制。一方面，铜币重量为 8.9～11 克，并且是逐渐在减重。另一方面，铜币的尺寸在 22～25 毫米的直径徘徊
公元 230 年之后	贵霜晚期货币。"KANηþKO"（迦腻色伽）的狄纳里金币基本上为 7.71～7.89 克。"BAZηþKO"（瓦什色伽）的狄纳里金币为 7.81～7.89 克。"BAZOΔηO"（瓦苏提婆）的狄纳里金币为 7.66～7.81 克。而三者的¼狄纳里金币的重量基本还维持在 2 克左右。"KANηþKO"（迦腻色伽）的铜币为 6.18～6.82 克，直径为 17～21 毫米。"BAZηþKO"（瓦什色伽）的铜币为 4.02～6.15 克，直径为 17～21 毫米。"BAZOΔηO"（瓦苏提婆）的铜币为 2.65～4.33 克，直径为 14～16 毫米
约公元 230 年之后	波斯萨珊人侵入贵霜，开始发行"贵霜沙"货币。金币继续按照贵霜王朝的币制，即重量为不到 8 克的标准打制，而铜币则为 2～4 克
公元 320 年	笈多王朝建立，仿照贵霜式钱币的样式开始发行自己的货币，在重量上与贵霜时期的相仿，为 7.5 克左右

三、专业词汇表

中文	外文	释义
德拉克马（希腊标准）	drachm	希腊—巴克特里亚的银币单位，重量为 4.24 克
四德拉克马（希腊标准）	tetradrachm	希腊—巴克特里亚的银币单位，重量为 16.96 克
奥波	obol	希腊—巴克特里亚王国的银币单位，重量为 8.48 克。在价值上，6 奥波 = 1 德拉克马

续表

中文	外文	释义
斯达特	starter	希腊—巴克特里亚王国的金币单位，重量为8.48克。1斯达特在重量上等于2德拉克马，在价值上，金银兑换比为1:48
四德拉克马（印度标准）	tetradrachm	印度—希腊王国的银币单位，重量为9.68克
二查柯	di-chalkon	印度—希腊巴克特里亚王国的铜币单位，重5克左右。铜币还包括八查柯、四查柯与查柯。在价值上，8查柯=1奥波
狄纳里	dinar	贵霜王朝金币基本单位，重7.8~7.95克
二狄纳里	double dinar	贵霜王朝金币单位，重约15.5克
¼狄纳里	quarter dinar	贵霜王朝金币单位，重约2克
四德拉克马	tetradrachm	贵霜王朝铜币基本单位，也称为1单位，最初重量约为16.96克，此后逐渐减重，最低为2.4克

四、人名、地名词汇表

中文	外文	说明
大流士一世	Darius I	波斯阿契美尼德王朝君主，公元前521年至公元前486年在位
亚历山大大帝	Alexander III	
腓力二世	Philip II	亚历山大大帝的父亲
塞琉古一世	Seleukos I	塞琉古王朝建立者
托勒密一世	Ptolemy I	托勒密王朝建立者
安条克一世	AntiochusI	塞琉古王朝国王，曾任塞琉古索格底亚那和巴克特里亚总督
狄奥多塔斯一世	DiodotusI	塞琉古王国索格底亚那和巴克特里亚总督，于公元前246年独立

中文	外文	说明
攸提德谟斯	Euthydemus	篡位成为希腊—巴克特里亚国王
德米特里	Demetrius I	攸提德谟斯之子，希腊—巴克特里亚国王
攸克拉提德斯	Eucratides	希腊—巴克特里亚王国僭主
阿波罗多斯一世	Apollodotus I	印度—希腊国王
米南德一世	Menander I	印度—希腊国王
塞种人	"Sakā""Sacae"（塞卡）"Σκύθαι"（斯基泰）	古代西亚及中亚的游牧民族
毛厄斯	Maues	印度—塞种王国罽宾国的国王
阿泽斯	Azes	
阿季利塞斯	Azilises	印度—塞种王国罽宾国的国王
贡多法勒斯	Gondophares	印度—安息王国创立者
丘就却	Kujula Kadphises	贵霜王朝第一位君王
维马·塔克托	Vima Takto	贵霜王朝第二位君王
阎膏珍	Vima Kadphises	贵霜王朝第三位君王
迦腻色伽一世	Kanishka I	贵霜王朝第四位君王
胡维色迦	Huvishka	贵霜王朝第五位君王
瓦苏提婆	Vasudeva I	贵霜王朝第六位君王，中国史称波调
贵霜沙	Kushanshahr	萨珊波斯人占领贵霜领土后设置的王名
塔克西拉	Taxila	地名，中国古称呾叉始罗，位于巴基斯坦首都伊斯兰堡西北约50公里处
巴克特拉	Bactra	地名，希腊—巴克特里亚王国首都，中国古称蓝氏城（监氏城），位于今阿富汗巴尔赫
大夏	Tochari	又称吐火罗，是指塞种人攻灭希腊—巴克特里亚王国后建立的王国，后来被月氏人攻灭

续表

中文	外文	说明
高附	kô – bio	喀布尔河上游地区
濮达	pok – dat	巴克特里亚地区
罽宾	ki – pin	喀布尔河中下游的犍陀罗地区和呾叉始罗地区的印度—塞种人国家
帕泊斯	Pabes	大月氏王
萨巴尔	Sapalbizes	大月氏王

五、贵霜王朝钱币上的主要神祇

种类	贵霜语铭文	铭文汉译	神祇职能	神祇图像描述
希腊和半希腊神祇	HΛIOC	赫利俄斯	光芒日神	手持权杖
	CAΛHNH	塞勒涅	男月神	手持权杖
	NANAIA	那奈亚	女神	手持顶端为马头的权杖
	NANA，NANAþAO〔OΔIIO〕	娜娜（绍）	女神	手持顶端为马头的权杖，头顶月牙装饰
	HPAKIΛO	赫拉克勒斯		手持棍棒和苹果
	MEIPO	阿尔忒弥斯		手持弓和箭，身穿基同（Chiton）
	þAO þHOþO	阿瑞斯	战神	站立，手持矛和盾
	PIOM	帕拉斯或罗马		手持矛和盾
	CAPAΠO	萨拉皮斯		手持权杖，头戴莫迪斯（Modius）
	ωPOM〔ωPOH?〕	乌拉诺斯		手持权杖，头戴莫迪斯

种类	贵霜语铭文	铭文汉译	神祇职能	神祇图像描述
波斯神祇	AΘPO，AΘOPO	阿斯索	火神	手持铁锤（或圆环）和火钳
	AþAEIXþO	阿沙克索	日神	手臂举起
	ΛþOOACΓO	洛阿斯波	男神	手持圆环，身后有马
	MANAO – BAΓO	马诺巴戈	月神	四臂，坐于宝座上
	MAO	珇	月神	手持权杖、圆环、象钩
	MIIPO，MEIPO，MIOPO，〔ONIO〕	弥若	光芒日神	手持权杖、圆环
	NANA	见"希腊和半希腊神祇"NANA		
	OANINΔA	奥宁多	胜利神	手持圆环和权杖
	OAΔO	欧多	风神	奔跑
	OPΛAΓNO	奥拉格诺	战神	手持矛和剑
	ΦAPPO	法罗	火神	手持火、权杖、剑等；有时戴有翼头盔，或站在火中，有时手持赫尔墨斯的双蛇杖，甚至钱袋
印度神祇	APΔOXþO〔ΔOXPO〕	阿尔多克修	女神	手持丰饶角
	MAACHNO	马塞诺	战神塞健陀	手持军旗和剑
	oηþo	欧索	湿婆	站立，手持三叉戟，有瘤牛；四臂，分别持净瓶、金刚杵、三叉戟、山羊

续表

种类	贵霜语铭文	铭文汉译	神祇职能	神祇图像描述
印度神祇	CKANΔO KOMAPO, BIZAΓO	斯甘多·科马罗, 比扎戈	战神	斯甘多·科马罗手持军旗和剑; 比扎戈手持剑和矛
	CKANΔO KOMAPO, MAACHNO, BIZAΓO	斯甘多·科马罗, 马塞诺, 比扎戈		
	ωPON	见"希腊和半希腊神祇" ωPOM [ωPOH?]		
佛陀	BOΔΔO, OΔYO BOY CAKAMA, ΓO BOYΔΔO	佛陀		站立, 说法; 交脚坐

资料来源: Percy Gardner. *The Coins of the Greek and Scythic Kings of Bactria and India in the British Museum* [M]. ed. by Reginald Stuart Poole. London: Gilbert and Rivington, ltd. , 1886: lx – lxvi.

参 考 文 献

［1］石俊志．货币的起源［M］．北京：法律出版社，2020.

［2］石俊志．中国古代货币法二十讲［M］．北京：法律出版社，2018.

［3］李铁生．古中亚币［M］．北京：北京出版社，2008.

［4］杜维善．贵霜帝国之钱币［M］．上海：上海古籍出版社，2012.

［5］寅龙．贵霜王朝及其后继国硬币［M］．自版．

［6］曾晨宇．古希腊钱币史［M］．北京：文物出版社，2019.

［7］［英］伊恩·卡拉代斯．古希腊货币史［M］．黄希韦，译．北京：法律出版社，2017.

［8］［英］大卫·赛尔伍德，飞利浦·惠廷，理查德·威廉姆斯．萨珊王朝货币史［M］．付瑶，译．北京：中国金融出版社，2019.

［9］［英］Joe Cribb，Barrie Cook，Ian Carradice．世界各国铸币史［M］．刘森，译．北京：中华书局，2005.

［10］［印］帕尔梅什瓦里·拉尔·笈多．印度货币史［M］．石俊志，译．北京：法律出版社，2018.

［11］［意］朱莉阿诺．西北印度地区希腊至前贵霜时代的钱币［G］//［意］卡列宁等．犍陀罗艺术谈源．上海：上海古籍出版社，2016.

［12］李潇．帕提亚"众王之王"钱币的起源、发展及影响［J］．西域研究，2019（3）．

［13］杨巨平．丝绸之路上的"希腊式钱币"［G］//丝绸之路古国钱币暨丝路文化国际学术研讨会论文集．上海：上海书画出版社，2011：299.

［14］袁炜．黄金之丘（Tillay Tepe）出土钱币研究——兼论大月氏钱币史［J］．中国钱币，2018（6）．

［15］詹义康．贵霜王衔研究［J］．江西社会科学，1994（9）．

［16］杨巨平．"Soter Megas"考辨［J］．历史研究，2009（4）．

［17］刘祺．迦腻色伽一世佛像钱币研究［J］．苏州工艺美术职业技术学院学报，2015（1）．

［18］李潇．帕提亚"众王之王"钱币的起源、发展及影响［J］．西域研究，2019（3）．

［19］袁炜．从汉佉二体钱上佉卢文铭文看于阗国与东汉、贵霜的关系［J］．中国钱币，2016（4）．

［20］张晓贵，毛宝艳．米罗：贵霜钱币所见的密特拉［G］//丝绸之路研究集刊（第二辑）．北京：商务印书馆，2018.

［21］杨涛，黄永会，孟志平，陶荣．"月氏"铭货泉铜母范［J］．中国钱币，2016（4）．

［22］王国维．古史新证［M］//王国维全集（第11卷）．杭州：浙江教育出版社，2009.

［23］王国维．观堂集林（附别集）［M］．北京：中华书局，1959.

［24］蓝琪．中亚史（第一卷）［M］．北京：商务印书馆，2018.

［25］［匈］哈尔马塔．中亚文明史（第二卷）［M］．北京：中译出版社，2017.

［26］［俄］李特文斯基．中亚文明史（第三卷）［M］．北京：中译出版社，2017.

［27］余太山．塞种史研究［M］．北京：商务印书馆，2012.

［28］余太山．贵霜史研究［M］．北京：商务印书馆，2015.

［29］余太山．古族新考［M］．北京：商务印书馆，2012.

［30］余太山．两汉魏晋南北朝正史西域传要注［M］．北京：商务印书馆，2013.

［31］［日］小谷仲男．大月氏：寻找中亚谜一样的民族［M］．王仲涛，译．北京：商务印书馆，2017.

［32］［英］约翰·马歇尔．塔克西拉［M］．秦立彦，译．昆明：云南人民出版社，2002.

［33］［日］本村凌二．地中海世界与罗马帝国［M］．庞宝庆，译．北京：北京日报出版社，2019.

［34］［英］尼古拉斯·辛姆斯－威廉姆斯．阿富汗北部的巴克特里亚文献［M］．甘肃：兰州大学出版社，2014.

［35］［印］师觉月．印度与中国［M］．姜景奎等，译．北京：中国大百科全书出版社，2018.

［36］曾宪法．先秦时期塞种人之族源及其东渐问题［J］．国际关系学院学报，2001（2）．

［37］伯恩施坦姆．谢米列耶和天山历史文化的几个主要阶段［J］．陈世良，译．新疆文物，1992年译文专刊．

［38］林梅村．吐火罗人与龙部落［J］．西域研究，1997（1）．

［39］林梅村．贵霜帝国的万神殿［M］//丝绸之路古国钱币暨丝路文化国际学术研讨会论文集．上海：上海书画出版社，2011.

［40］施俊杰．浅析大月氏在东西方文化交流中所起的作用
［J］．文教资料，2017（31）．

［41］罗帅．罗巴塔克碑铭译注与研究［G］//西域文史
（第6辑）．北京：科学出版社，2011．

［42］季羡林．再谈"浮屠"与"佛"［C］//季羡林集．
北京：中国社会科学出版社，2000．

［43］季羡林．梅呾利耶与弥勒［C］//季羡林集，中国社
会科学出版社，2000．

［44］黄靖．贵霜帝国的年代体系［J］．中亚学刊Ⅱ，中华
书局，1987．

［45］［日］田边胜美．阿富汗"黄金之丘"所出的心形常
春藤叶纹样解读［J］．丝路艺术，2017年冬季卷（5）．

［46］［英］尼古拉斯·奥斯特勒．语言帝国：世界语言史
［M］．章璐等，译．上海：上海人民出版社，2016．

［47］庞霄骁．贵霜帝国的城市与丝绸之路在南亚次大陆的
拓展［J］．西域研究，2017（1）．

［48］［英］克力勃．丘就却及其贵霜翕侯头衔［J］．袁
炜，译．吐鲁番学研，2019（1）．

［49］孙武军．阿胡拉·马兹达象征图像源流辨析［J］．西
域研究，2015（2）．

［50］［法］葛乐耐．驶向撒马尔罕的金色旅程［M］．毛
铭，译．桂林：漓江出版社，2016．

［51］葛维钧．湿婆和"赞辞之王"［J］．南亚研究，2003
（2）．

［52］［古希腊］斯特拉博．地理学［M］．李铁匠，译．上
海：上海三联书店，2014．

［53］［古罗马］普林尼．自然史［M］．李铁匠，译．上
海：上海三联书店，2018．

［54］［德］施勒伯格．印度诸神的世界——印度教图像学手册［M］．范晶晶，译．上海：中西书局，2016．

［55］［日］栗田功．大美之佛像：犍陀罗艺术［M］．唐启山，周昀，译．北京：文物出版社，2017．

［56］［美］米夏埃尔·比尔冈．古代波斯诸帝国［M］．李铁匠，译．北京：商务印书馆，2015．

［57］刘学堂．乌鲁木齐的史前时代［M］．北京：商务印书馆，2019．

［58］王欣．吐火罗史研究（增订本）［M］．北京：商务印书馆，2017．

［59］［印］R. 塔帕尔．印度古代文明［M］．林太，译．张荫桐，校．杭州：浙江人民出版社，1990．

［60］［日］黑田明伸．货币制度的世界史——解读“非对称性”［M］．何平，译．北京：中国人民大学出版社，2007．

［61］Osmund Bopearachchi. New Numismatic Evidence on the Chronology of Late Indo – Greeks and Early Kushans［G］//丝绸之路古国钱币暨丝路文化国际学术研讨会论文集．上海：上海书画出版社，2011．

［62］［俄罗斯］爱莱娜·库兹米娜·印度—伊朗人的起源［M］．邵会秋译．上海：上海古籍出版社，2020．

［63］［美］丹尼斯·塞诺．剑桥早期内亚史［M］．蓝琪，译．北京：商务印书馆，2021．

［64］［英］F. W. 沃尔班克等．剑桥古代史，第七卷第一分册：希腊代世界［M］．杨臣平等，译．北京：中国社会科学出版社，2021．

［65］John M. Rosenfield. *The Dynastic Arts of the Kushans*［M］. University of California Press, 1967．

［66］Parmeshwari Lai Gupta, Sarojini Kulashreshtha. *Kuṣāṇa*

Coins and History [M]. D. K. Printword ltd. , 1994.

[67] R. Göbl. *System und Chronologie der Münzprägung des Kušānreiches* [M]. Vienna, 1984.

[68] H. G. Rawlinson. Bactra: *The History of a Forgotten Empire* [M]. Westholme Publishing, 2013.

[69] B. Philip Lozinski. *The Original Homeland of Parthians* [M]. 1959.

[70] Parmeshwari Lai Gupta. Sarojini Kulashreshtha. *Ku ṣ āṇa Coins and History* [M]. D. K. Printword ltd. , 1994.

[71] Ian Carradice. *Greek Coins* [M]. British Museum Press, 1995.

[72] Percy Gardner. *The Coins of the Greek and Scythic Kings of Bactria and India in the British Museum* [M]. ed. by Reginald Stuart Poole. London: Gilbert and Rivington, ltd. , 1886.

[73] David Sellwood. *An introduction to the Coinage of Parthia*, 2nd edition [M]. London: Spink and Son ltd. , 1980.

[74] M. E. Masson. *The Origin of the Nameless King of Kings*, the Great the Soviour [J]. *Tashkent*, 1950.

[75] B. N. Mukherjee. *The Kushana Genealogy* [M]. Calcutta, 1967.

[76] R. A. G. Carson. *Coins of the Roman Empire* [M]. Routledge, 1990.

[77] R. D. Banerji. The Scythian Period of Indian History [J]. *Indian Antiquary*, 1908, 37.

[78] V. A. Smith. *The Early History of India, from 600 B. C. to the Muhammad Conquest, Including the Invasion of Alexander the Great*, 4th rev. ed. [M]. Oxford University Press, 1924.

[79] S. Konow. Kharoshthi Inscriptions with the Exception of

Those of Asoka [J]. *CII* 2.

[80] J. Harmatta. Late Bactrian Inscriptions [J]. Acta. Ant. Hung, 1969, 18 (3－4).

[81] E. Herzfeld, Kushano－Sasanian Coins [G] //*Memoirs of the Archaeological Survey of India*, 1930.

[82] Sambhu Nath Mondal. *Ancient Indian Coins: Decoding of their Indus－Brahmi Inscriptions with Special emphasis on the Punch－Marked Coins* [M]. Punthi Pustak, 2013.

[83] John Boardman. *The Greeks in Asia* [M]. London: Thames&Hudson, 2015.